STUDI DI RAGIONERIA E DI ECONOMIA AZIENDALE

Collana accreditata presso l'Accademia Italiana di Economia Aziendale

fondata da GIANFRANCO ZANDA e *diretta da* EUGENIO D'AMICO

95

Fiorella Pia Salvatore - Michele Milone

LA RENDICONTAZIONE DI SOSTENIBILITÀ NELL'AZIENDA SANITARIA

Evoluzioni regolamentari ed elementi empirici

G. Giappichelli Editore – Torino

VIA PO 21 - TEL. 011-81.53.111

http://www.giappichelli.it

ISBN/EAN 979-12-211-0865-1
ISBN/EAN 979-12-211-5859-5 (ebook - pdf)

Il volume è stato oggetto di procedura di doppio referaggio cieco (double blind peer review), *secondo un procedimento standard stabilito dalla Direzione della collana, che ne conserva la relativa documentazione.*

Pubblicazione realizzata con i Fondi per i Progetti di Ricerca dell'Università di Foggia – anno 2022.

Stampa: Stampatre s.r.l. - Torino

Indice

Prefazione

Per valutare gli impatti finanziari, ambientali e sociali generati dalle decisioni assunte a livello aziendale è fondamentale considerare l'approccio alla responsabilità sociale secondo il quale ciascuna organizzazione opera. È una questione che assume sempre più importanza nel sistema economico, poiché manager, consumatori, investitori e dipendenti si domandano e studiano come la crescita economica risulti strettamente collegata al benessere sociale e a quello ambientale. Sebbene sviluppare una responsabilità sociale d'impresa sia un'azione prevalentemente volontaria svolta dal management, attualmente vi è una crescente pressione sulle aziende affinché diano un contributo positivo alle comunità in cui le stesse sono locate, o quantomeno riducano il loro impatto negativo.

A livello internazionale, i governi si stanno muovendo verso l'attuazione pratica e concreta di alcuni elementi chiave che danno un senso alla responsabilità sociale aziendale, in particolare per quanto riguarda l'applicazione del concetto di sostenibilità.

Le aziende cosiddette "responsabili" potrebbero non essere necessariamente in grado di misurare l'impatto positivo (o negativo) che il loro comportamento genera sull'erogazione delle loro prestazioni. Tuttavia, è altamente probabile che le aziende "irresponsabili" notino, più facilmente, l'impatto negativo che le loro decisioni generano sui profitti. La sostenibilità aziendale è, e lo sarà in futuro, fortemente correlata alla capacità delle aziende di prendere in considerazione le conseguenze ambientali, sociali delle azioni poste in essere e che possono anche avere ricadute in termini di governance.

Chiaramente, le aziende che vogliono apparire come particolarmente attente a tali conseguenze ed essere effettivamente responsabili, devono affrontare molte sfide e superare una serie di barriere. È necessario, pertanto, valutare tutti i vantaggi e gli svantaggi associati alla responsabilità sociale e determinare quali obiettivi è meglio porsi nel breve, medio e lungo termine per il pieno raggiungimento della sostenibilità aziendale.

Il concetto di sostenibilità applicato nel contesto della governance fornisce gli elementi necessari non solo per lo sviluppo della strategia aziendale, ma può fungere anche da catalizzatore della stessa. In altri termini, se l'agire della governance aziendale è guidato dal rispetto del principio di sostenibilità, sarà più semplice definire un framework utile a porre le basi della reinvenzione culturale all'interno di un contesto aziendale. I manager delle aziende sanitarie che integrano il principio di sostenibilità nei loro obiettivi prioritari ottengono risultati positivi poiché permettono di ampliare non solo il ventaglio di programmi che può vantare l'azienda stessa, ma anche i possibili servizi sanitari da erogare. È dunque possibile sostenere che i risultati positivi ottenuti grazie alla fattiva applicazione della sostenibilità includono azioni rivolte alla tutela e salvaguardia dell'ambiente, alla creazione di migliori relazioni sociali con le comunità e al sostenimento di minori costi di gestione.

I contributi attualmente presenti nella letteratura scientifica relativi ai sistemi di gestione implementati nelle aziende sanitarie evidenziano l'esistenza di una varietà di fattori chiave che influiscono sia direttamente che indirettamente sulla sostenibilità aziendale. È stato, inoltre, dimostrato come le spese di gestione abbiano una relazione diretta e positiva con il livello di performance delle aziende sanitarie; è noto l'esempio che un aumento della spesa risulta direttamente proporzionale ad una riduzione dei tempi di attesa dei pazienti. Altri studi empirici, invece, hanno comprovato che anche la qualità della prestazione clinica possa migliorare all'aumentare di tali spese.

Al fine di assicurare l'erogazione di prestazioni sanitarie che siano in linea con il principio di sostenibilità, il management dell'azienda sanitaria, sempre più frequentemente, dimostra attenzione verso il rispetto dei principi delle politiche verdi e orientate all'ambiente, l'adozione di moderne tecnologie dell'informazione che assicurano processi digitalizzati, l'accrescimento della consapevolezza del personale sulle questioni ambientali e l'allocazione di varie risorse orientate alla tutela dell'ambiente. Tali accorgimenti sono, ad oggi, ritenuti un prerequisito per il raggiungimento della sostenibilità anche per un'azienda sanitaria.

Recenti stime, inoltre, confermano come il Servizio Sanitario Nazionale assorba circa l'80% delle risorse dei bilanci regionali. A causa di ciò, le politiche regionali fanno in modo che nella loro programmazione il focus sia sempre posto sulla ricerca della sostenibilità economico-finanziaria del sistema, subordinandola al garantire alle comunità quei servizi sanitari annoverati dai Livelli Essenziali di Assistenza.

Tali tematiche, accompagnate dalla completa riorganizzazione che in questi anni ha riguardato la rete ospedaliera nazionale e la modalità di presa in carico del paziente, hanno consentito di definire nuovi percorsi estesi ad annoverare lo sviluppo sostenibile delle aziende sanitarie.

È proprio in riferimento a tali aspetti che si sviluppa la novità e l'adeguatezza scientifica di tale testo.

Rispetto a quanto precedentemente asserito, sono posti in evidenza non solo i riferimenti normativi più recenti relativi al passaggio e agli adeguamenti della *non-financial disclosure* al *sustainability reporting*, ma sono anche presentati i processi di governance da sviluppare e le modalità con cui gli stessi devono essere implementati al fine di raggiungere la sostenibilità dell'azienda sanitaria.

Sono altresì forniti degli indirizzi per l'implementazione di indicatori chiave di performance per la valutazione, nelle aziende sanitarie, del grado di raggiungimento dei livelli di sostenibilità dei processi.

Il tema della misurazione e valutazione delle performance di sostenibilità nelle aziende sanitarie è un *topic* emergente e, pertanto, sfidante. Per questo motivo, nel presente testo la sua trattazione permette di fornire a tali organizzazioni una base utile per definire e pianificare lo sviluppo sostenibile per livelli organizzativi illustrando quali modalità operative adottare nel contesto dell'azienda sanitaria e quali competenze maturare al fine di orientare la cultura e i processi organizzativi verso gli obiettivi di sostenibilità.

Con la disponibilità di informazioni oggi, più che mai, in numerosità elevata grazie agli applicativi gestionali introdotti anche nei processi manageriali dell'azienda sanitaria, risulterà sfidante per il prossimo futuro includere nell'*accountability* anche dati ed informazioni maggiormente dettagliate di sviluppo sostenibile tanto al fine di avviare un circolo virtuoso che veda le aziende sanitarie effettive fautrici del proprio sviluppo sostenibile.

In definitiva, la dimensione approfondita ed esemplificativa degli argomenti adottata dagli Autori, nonché la proficua attività di ricerca svolta, consentono al lettore di comprendere chiaramente i processi necessari che le aziende sanitarie devono implementare al fine di perseguire, nel modo più efficace ed efficiente possibile, il principio di sostenibilità.

Antonio Costa

Introduzione

Oggigiorno, la necessità di superare le conseguenze negative derivanti da problematiche diffuse a livello globale come l'invecchiamento della popolazione, il cambiamento climatico, il degrado ambientale e le disuguaglianze, nonché di raggiungere gli obiettivi stabiliti dall'Agenda 2030 per lo sviluppo sostenibile, ha esercitato una maggiore pressione su tutti gli attori dei sistemi economici e, in particolare, sulle aziende del settore sanitario. Le attività delle aziende sanitarie rivestono un ruolo estremamente rilevante poiché se a livello generale, è possibile sostenere che esse influiscono in modo diretto sul processo di raggiungimento dei 17 obiettivi chiave di sviluppo sostenibile, nello specifico, risultano in grado di generare forti impatti su questioni relative allo stato di mantenimento in buona salute delle comunità, all'uguaglianza di genere ed al mantenimento di buone condizioni ambientali in cui l'azienda sanitaria è locata.

La rilevanza data alle aziende del settore sanitario è stata segnata, in maniera predominante, dalla diffusione della pandemia da Covid-19 la quale ha permesso di rilevare quanto sia necessario mantenere i processi aziendali e le performance di tali aziende altamente efficaci ed efficienti. Ciò perché, l'incerto contesto macroeconomico e la costante volontà degli individui di migliorare il proprio stato di salute, esercitano costantemente una doppia pressione sull'azienda sanitaria, costringendola a soddisfare, nel migliore modo possibile, le esigenze e le aspettative di tutti gli attori economici.

Negli anni recenti, si è rilevato un discreto aumento della letteratura scientifica focalizzata sul potenziale delle aziende sanitarie nel raggiungere gli obiettivi di sviluppo sostenibile implementando all'interno dei processi aziendali pratiche di sostenibilità.

Secondo Huzzard *et al.* (2015) con "sostenibilità" s'intende lo svolgimento da parte di un'azienda di determinate attività in modo tale da soddisfare le esigenze del presente senza compromettere la capacità delle generazioni future di soddisfare le proprie. Lo sviluppo sostenibile implica, pertanto, l'elaborazione di un sistema aziendale socioeconomico che garantisca il raggiungimento degli obiettivi aziendali di sostenibilità nel lungo periodo. La sostenibilità è, dunque, vista come un modo globale di fare impresa che offre valore economico e apre nuove opportunità in termini di impatto sociale, economico e ambientale. Grazie ad essa, l'azienda sanitaria può generare valore economico sostanziale migliorando, al tempo stesso, la qualità della vita delle comunità proteggendone l'ambiente circostante.

A ben vedere, l'azienda sanitaria sviluppa un business che può essere intrinsecamente ritenuto "sostenibile" e, con alcuni accorgimenti, può essere reso maggiormente olistico.

In tal senso, agisce la *Triple Bottom Line*, riconosciuta anche con l'acronimo di TBL o con l'identificazione delle tre "*P*": "*People*", "*Planet*" e "*Profit*". La TBL cattura uno spettro ampliato di valori all'interno di un quadro contabile che incorpora le tre principali dimensioni della performance: sociale, ambientale ed economica. Ciò differisce dai tradizionali framework di rendicontazione in quanto include misure ambientali e sociali per cui può essere complesso identificare in modo esatto degli strumenti di valutazione e misurazione.

In *accounting* la TBL permette di espandere il tradizionale framework di reporting aziendale al fine di tener conto non solo dei risultati finanziari, ma anche delle prestazioni ambientali e sociali che influenzano le pratiche aziendali. Tale concetto si basa proprio sul principio che, per prosperare in termini realistici, un'azienda deve preoccuparsi delle tre aree che compongono i suoi profitti (per l'appunto, ambientale, sociale e di governance) invece di focalizzarsi esclusivamente sulla sfera economica diretta all'ottenimento di profitti. Tale concetto vuole porre l'attenzione sul fatto che la sostenibilità dell'azienda dipende da elementi che vanno oltre la mera redditività. Alcune aziende, infatti, utilizzano la TBL come base per lo sviluppo della loro strategia di sostenibilità, in modo tale che gli obiettivi da loro posti si focalizzino su differenti questioni relative all'ambiente, al sociale e alla governance d'impresa.

È, pertanto, imperativo che anche le aziende sanitarie facciano attenzione al "triplo risultato". In tal modo, le iniziative rivolte ai dipendenti, al sociale (pazienti) e all'ambiente (gestione dei rifiuti, utilizzo di energie rinnovabili) costituiranno un valore aggiunto per l'azienda arricchendone la propria responsabilità sociale.

Questi temi sono diventati i principali obiettivi assegnati dalle governance delle aziende sanitarie tale per cui questo testo scientifico evidenzia, in modo ragionato, tutti gli elementi necessari alla leadership d'impresa per assumere decisioni utili al fine di implementare con successo programmi di sviluppo sostenibile.

Nel primo capitolo del testo è stato affrontato il delicato tema del passaggio dalla *non-financial disclosure* al reporting di sostenibilità motivando già da un punto di vista legislativo, come le questioni relative alla sostenibilità aziendale risultino soggette ad un numero significativo di normative europee, le cui dinamiche e contenuti sono in linea con la realtà sociale, nella quale e sulla quale i comparti d'impresa devono agire. In questo contesto, è stato chiarito come il legislatore europeo presti particolare attenzione alla divulgazione delle informazioni di sostenibilità da parte di alcune categorie di imprese, la cui disponibilità, rilevanza, comparabilità e affidabilità costituiscono un prerequisito per il raggiungimento degli obiettivi strategici europei.

Nel secondo capitolo si è cercato di delineare qual è la rinnovata prospettiva adottata per la lettura della creazione di valore all'interno del sistema aziendale adottando i nuovi principi europei di *sustainability reporting*. È stato quindi posto l'accento su come la *Corporate Sustainability Reporting Directive* (CSRD) – 2022/2464/EU – abbia introdotto l'obbligo per le aziende di fornire informazioni sulle "risorse immateriali chiave" generate internamente, al fine di consentire agli utenti di comprendere meglio lo sviluppo, i risultati e la posizione delle imprese, nonché il crescente divario tra il loro valore contabile e di mercato. Nella trattazione emergerà come la recente Direttiva abbia sottolineato a più riprese l'importanza delle informazioni possedute dal comparto di ricerca e sviluppo aziendale e l'obbligo per le stesse di basare su prove scientifiche le informazioni fornite nei *sustainability reporting*.

Nel terzo capitolo sono stati approfonditi quali sono i processi di governance da sviluppare e come gli stessi debbano essere applicati per assicurare la sostenibilità dell'azienda sanitaria. I cambiamenti che attualmente si stanno susseguendo e che afferiscono al complesso ecosistema delle aziende sanitarie generano un ambiente turbolento ma, allo stesso tempo, stimolante e competitivo con cui le aziende e i manager devono confrontarsi per sopravvivere. Considerata la complessità delle attività che caratterizzano le aziende sanitarie e l'attuale scenario (in profondo cambiamento), è fondamentale reimpostare sia i processi di governance che i processi strategici al fine di rispondere efficacemente a queste pressioni. Generare un impatto positivo sulla performance delle aziende sanitarie rendendola sostenibile, mirando, al contempo, alla produzione di reporting non finanziari utili e significativi è l'indirizzo che la governance aziendale dovrà assumere.

Di seguito, nel quarto capitolo, sono stati approfonditi differenti parametri quali-quantitativi relativi al *sustainability reporting* e sono stati consultati differenti set di indicatori, standard e framework ESG ai fini di una definizione e di un conseguente miglioramento generale di valutazione dei processi messi in pratica nell'azienda sanitaria. L'obiettivo principale del lavoro empirico esposto in questo capitolo è stato quello di identificare un elenco di indicatori che l'azienda sanitaria, al pari di altre organizzazioni obbligatoriamente soggette all'applicazione della recente Direttiva europea del 2022, la CSRD, potrebbe utilizzare nei propri sistemi di *reporting* al fine di essere quanto più conforme possibile alle nuove richieste di informazioni ESG contenute nella CSRD. In quest'ottica e per valutare quali-quantitativamente la performance dell'azienda sanitaria in termini ESG, è stata sviluppata e approfondita una lista di indicatori chiave di performance. Per testare l'approccio proposto in questo capitolo empirico, sono state effettuate interviste e colloqui con esperti e manager delle aziende sanitarie al fine di ottenere quante più informazioni possibili utili ad identificare correttamente gli indicatori.

In definitiva, la trattazione proposta nel presente testo scientifico ha facilitato la comprensione di alcuni aspetti connessi al *reporting* di natura non finanziaria e alla performance dell'azienda sanitaria seguendo la prospettiva definitoria degli elementi ESG di sostenibilità. Si presume che, in futuro, debbano essere considerati anche la cultura e l'atteggiamento dei manager nei confronti della sostenibilità in quanto elementi determinanti che influenzano le strategie aziendali di sostenibilità. Ciò dovrà far emergere quanto lo sviluppo ed il costante aggiornamento delle strategie manageriali sia essenziale nel settore sanitario, le cui prestazioni sono strettamente connesse ai risultati ottenuti dai processi aziendali e, in particolare, alle pratiche, alla leadership e alle prestazioni erogate dall'azienda sanitaria.

Capitolo Primo

Direttive a confronto: dalla non-financial disclosure *al* reporting *di sostenibilità*

1.1. *Premessa*

Il Gruppo intergovernativo sui cambiamenti climatici (IPCC) [1] ha definito lo "sviluppo sostenibile" come quello: "*sviluppo che mira al soddisfacimento dei bisogni del presente senza compromettere la capacità delle generazioni future di soddisfare i propri*" [2]. La sostenibilità deve esser dunque letta come un processo dinamico che garantisce la persistenza dei sistemi naturali e umani in modo equo [3].

---

[1] Il Gruppo intergovernativo sul cambiamento climatico (IPCC) nato al fine di studiare il riscaldamento globale, rappresenta il foro scientifico che nel 1988 è sorto dall'unione di due organismi delle Nazioni Unite: l'Organizzazione meteorologica mondiale e il Programma delle Nazioni Unite per l'Ambiente. L'IPCC prepara rapporti di valutazione completi sullo stato delle conoscenze scientifiche, tecniche e socioeconomiche sul cambiamento climatico, sui suoi impatti e rischi futuri e sulle opzioni per ridurre la velocità con cui si sta verificando il cambiamento climatico. Produce inoltre rapporti speciali su argomenti concordati dai governi membri, nonché rapporti metodologici che forniscono linee guida per la preparazione degli inventari dei gas serra.

[2] IPCC (2014), *Fifth Assessment Report (AR5)*, p. 133.

[3] A. PONZIO, G. ZANIBONI (2022), *Sostenibilità aziendale*, Gruppo 24 Ore, Milano; C. MIO (2021), *L'azienda sostenibile*, Laterza & Figli Spa, Milano.

Tali definizioni non sono scaturite dal nulla, bensì sono il frutto di un lungo processo di presa di coscienza durato quasi due secoli. Per comprendere la maturazione di queste idee che hanno generato nel tempo molte controversie, hanno ispirato teorie diverse e hanno posto le basi allo sviluppo di nuove legislazioni, è necessario fare dei brevi cenni ad alcune evoluzioni dottrinali.

Le teorie di stampo aziendale più recenti enfatizzano il ruolo dei fattori sociali e ambientali nello sviluppo dell'intero ecosistema aziendale [4]. Così lo scienziato svedese Johan Rockstrom, noto, in particolare, per un suo contributo scientifico sulla sostenibilità, ha fissato nove limiti che non devono essere superati per mantenere l'equilibrio di qualsivoglia ecosistema: cambiamento climatico, perdita di biodiversità; scompenso del ciclo dell'azoto; cambio di destinazione d'uso del suolo; acidificazione degli oceani; riduzione dell'ozono; inquinamento dell'aria; utilizzo dell'acqua potabile; inquinamento chimico [5].

Nel tempo, alcuni di questi criteri sono diventati anche parametri di riferimento per i fattori di sostenibilità inclusi nelle normative europee [6]. A tal proposito, l'economista britannica, Kate Raworth, autrice della teoria *Donut* [7], sostiene la necessità di ripensare l'economia tenendo conto sia della soddisfazione dei bisogni umani fondamentali sia della limitata capacità di soddisfarli. Secondo questa teoria, un modo giusto e sostenibile deve essere identificato grazie al riconoscimento di limiti di natura esterna e interna.

Le pressanti richieste di cambiamento hanno trovato una certa materializzazione anche e soprattutto nei contesti aziendali [8].

La teoria dell'agenzia che sviluppa il rapporto di agenzia tra l'azionista (il principale) e l'agente (il manager), è stata progressivamente sostituita dalla teoria degli stakeholder, secondo la quale una moltitudine di attori sono

---

[4] A. VENTURELLI, R. FASIELLO, S. PIZZI (2021), *CSR education in economia aziendale curricula: an overview*, Administrative Sciences, Vol. 11, No. 4, p. 137.

[5] J. ROCKSTRÖM *et al.* (2021), *Breaking Boundaries: The Science Behind our Planet*, DK, London.

[6] V. VOTA (2020), *Sostenibilità e impresa: una sfida per il futuro nell'ottica di una maggior competitività*, Economia Aziendale Online, Vol. 11, No. 4, pp. 401-416.

[7] K. RAWORTH (2017), *Doughnut economics: seven ways to think like a 21st-century economist*, Chelsea Green Publishing, Vermont, USA.

[8] L. BOSETTI (2017), *La corporate governance nell'Unione europea: interventi di armonizzazione e best practices*, Vol. 33, Giappichelli, Torino.

interessati dalle attività di un'impresa, sia a partire direttamente dai rapporti contrattuali (dipendenti, fornitori, clienti) che indirettamente, attraverso l'impatto che queste attività generano sul loro ambiente [9].

Più recentemente si è visto come il principio della doppia materialità (di cui si tratterà più innanzi) che è alla base della standardizzazione europea del reporting di sostenibilità [10], faccia riferimento non solo alla performance finanziaria dell'azienda ma anche al suo impatto sull'ambiente sociale e naturale.

1.2. *Definizioni e implicazioni della sostenibilità nel panorama aziendale*

La sostenibilità è sempre stata al centro della visione programmatica dell'Unione Europea, poiché le sue dimensioni, sociale e ambientale, erano già presenti nei trattati di istituzione dell'Unione.

Secondo l'art. 11 del Trattato sul Funzionamento dell'Unione Europea (TFUE), "*le esigenze di protezione dell'ambiente devono essere integrate nella definizione e nell'attuazione delle politiche e delle attività dell'Unione, in particolare nella prospettiva di promozione dello sviluppo sostenibile*" [11].

A ben vedere, le istituzioni europee hanno più volte espresso preoccupazioni per le conseguenze sempre più dannose del cambiamento climatico e dell'esaurimento delle risorse naturali. Difatti, negli ultimi anni, soprattutto nel contesto dell'emergenza sanitaria da Covid-19, le istituzioni si sono impegnate nel promuovere un sistema di sviluppo che miri al soddisfacimento

---

[9] R.E. FREEMAN (1984), *Strategic Management: A Stakeholder Approach*, Cambridge University Press, Cambridge, UK.

[10] Per un ulteriore approfodimento, si vedano: S. COOPER, G. MICHELON (2022), *Conceptions of materiality in sustainability reporting frameworks: Commonalities, differences and possibilities*, Handbook of accounting and sustainability, pp. 44-66; A. CALABRESE, R. COSTA, N. LEVIALDI GHIRON, T. MENICHINI (2019), *Materiality analysis in sustainability reporting: A tool for directing corporate sustainability towards emerging economic, environmental and social opportunities*, Technological and Economic Development of Economy, Vol. 25, No. 5, pp. 1016-1038.

[11] TFEU (2012), *Treaty on the Functioning of the European Union*, consolidated version, art. 11, Official Journal C326/47.

dei bisogni delle generazioni presenti e future, offrendo, al contempo, nuove opportunità di occupazione, investimento e crescita [12]; impegni che rappresentano, oggi, la chiave delle politiche e delle strategie europee.

Nel piano di azione sviluppato a livello europeo, figurano: il *Financing Sustainable Growth* [13], il *Green Deal* Europeo per finanziare la crescita aziendale sostenibile (definendo, a tutti gli effetti, una nuova strategia di crescita dell'Unione), e la *Strategy for financing the transition to a sustainable economy* [14].

Le questioni relative alla sostenibilità sono soggette ad un numero significativo di normative europee, le cui dinamiche e contenuti sono in linea con la realtà sociale, nella quale e sulla quale i comparti industriali e aziendali devono agire [15]. In questo contesto, il legislatore europeo ha prestato particolare attenzione alla divulgazione delle informazioni di sostenibilità da parte di alcune categorie di imprese, la cui disponibilità, rilevanza, comparabilità e affidabilità costituiscono un prerequisito per il raggiungimento degli obiettivi strategici europei.

La recente Direttiva (UE) 2022/2464 [16] pubblicata a dicembre 2022 sul reporting di sostenibilità aziendale ha principalmente modificato la precedente Direttiva (UE) 2013/34 [17]. Nello specifico, sono state trasformate le

---

[12] COM (2018) 97 finale, Comunicazione della Commissione al Parlamento europeo, al Consiglio europeo, al Consiglio, alla Banca centrale europea, al Comitato economico e sociale europeo e al Comitato delle regioni. *Action Plan: Financing Sustainable Growth.*

[13] *Ibidem.*

[14] COM (2021) 390 finale, Comunicazione della Commissione al Parlamento europeo, al Consiglio europeo, al Consiglio, al Comitato economico e sociale europeo e al Comitato delle regioni: Strategia per finanziare la transizione verso un'economia sostenibile: *Strategy for Financing the transition to a sustainable economy.*

[15] A tal proposito, si vedano: R.J. BAUMGARTNER (2014), *Managing corporate sustainability and CSR: A conceptual framework combining values, strategies and instruments contributing to sustainable development*, Corporate Social Responsibility and Environmental Management, Vol. 21, No. 5, pp. 258-271; I. GREGUREC, M. TOMIČIĆ FURJAN, K. TOMIČIĆ-PUPEK (2021), *The impact of COVID-19 on sustainable business models in SMEs*, Sustainability, Vol. 13, No. 3, p. 1098; N. ANTONYUK, I. PLIKUS, M. JAMMAL (2021), *Sustainable business development vision under the covid-19 pandemic*, Health Economics and Management Review, Vol. 2, No. 1, pp. 37-43.

[16] La Direttiva (UE) 2022/2464 del Parlamento Europeo e del Consiglio modifica il Regolamento (UE) n. 537/2014, la Direttiva 2004/109/CE, la Direttiva 2006/43/CE e la Direttiva 2013/34/UE per quanto concerne l'informativa sulla sostenibilità aziendale.

[17] La Direttiva (UE) 2013/34 promulgata dal Parlamento Europeo e dal Consiglio del 26 giugno 2013 è relativa al bilancio annuale, al bilancio consolidato e alle relative relazioni di

disposizioni sulla divulgazione di informazioni di carattere non finanziario introdotte dalla precedente Direttiva (UE) 2014/95 [18]. Questo cambiamento si sostanzia in una risposta alle nuove richieste di miglioramento del reporting aziendale relativo alle informazioni sociali e ambientali per renderlo più trasparente, affidabile e pertinente, al fine di fungere da leve per la transizione verso un'economia più sostenibile ed inclusiva.

La Direttiva (UE) 2014/95 è entrata in vigore nel 2016, è stata applicata per la prima volta nel 2018 ed è riferita all'anno fiscale 2017.

Poco dopo la prima applicazione della Direttiva (UE) 2014/95, nel dicembre 2019, la Commissione Europea si è impegnata a rivedere le sue disposizioni in uno dei documenti di riferimento sopra menzionati: il *Green Deal Europeo* [19]. Gli impegni di revisione, seguiti dalla sostituzione della Direttiva (UE) 2014/95 dopo cinque anni di applicazione, hanno sollevato una serie di interrogativi sulle cause, sul contenuto e sulla portata di questi cambiamenti, come ad esempio l'esatta identificazione e le possibili implicazioni derivanti dalla modifica di "informazioni non finanziarie" in "informazioni sulla sostenibilità" [20] o, ancora, il riconoscimento del nuovo rapporto definito dalla Direttiva (UE) 2022/2464 tra le norme e le realtà aziendali.

Al fine di porre una risposta esaustiva a tali interrogativi, si propone qui di seguito una riflessione sugli sviluppi, soprattutto concettuali, assiologici e sostanziali, generati dalla Direttiva (UE) 2022/2464 e sulla loro trasposizione in innovazioni pratiche di applicazione aziendale.

---

alcune tipologie di imprese e modifica la precedente Direttiva 2006/43/CE del Parlamento Europeo e del Consiglio e abroga le Direttive 78/660/CEE e 83/349/CEE del Consiglio. Di seguito è anche denominata come Direttiva contabile.

[18] R. IBBA (2023), *L'introduzione di obblighi concernenti i fattori ESG a livello UE: dalla Direttiva 2014/95 alla Proposta di Direttiva sulla Corporate Sustainability Due Diligence*, in *Banca, Borsa, Titoli di Credito: rivista di dottrina e giurisprudenza*, Vol. 76, No. 3, p. 5.

[19] E. ECKERT, O. KOVALEVSKA (2021), *Sustainability in the European Union: Analyzing the discourse of the European green deal*, Journal of Risk and Financial Management, Vol. 14, No. 2, p. 80; D.M. SALVIONI, F. GENNARI, L. BOSETTI (2016), *Sustainability and convergence: the future of corporate governance systems?*, Sustainability, Vol. 8, No. 11, p. 1203.

[20] P. TETTAMANZI, V. MINUTIELLO (2022), *ESG: Bilancio di sostenibilità e integrated reporting*, Ipsoa, Milano; P. TETTAMANZI, V. MINUTIELLO (2022), *Il bilancio di sostenibilità come strumento di rendicontazione aziendale*, goWare & Guerini Next, Milano.

1.2.1. *La Direttiva (UE) 2022/2464: il significativo cambio di paradigma*

La Direttiva (UE) 2022/2464 segna una profonda rottura con la Direttiva (UE) 2014/95, innanzitutto a livello terminologico, sostituendo le "informazioni non finanziarie" con le "informazioni sulla sostenibilità".

A ben vedere, è il Considerando 8 della Direttiva a fornire i seguenti argomenti a favore dell'emendamento [21]. Esso individua:

- L'inesattezza del termine, poiché l'aggettivo "non finanziario" significherebbe che "*l'informazione in questione non ha alcuna rilevanza finanziaria*".
- La chiara identificazione delle azioni svolte, poiché sono presenti un numero significativo di aziende che fanno riferimento alle "*informazioni sulla sostenibilità*".
- La crescente rilevanza finanziaria di questo tipo di informazioni.

Al di là di queste considerazioni, si possono avanzare altre argomentazioni a favore del cambiamento di paradigma. In primo luogo, manca un consenso sul significato attuale e sulla definizione accademica del termine "informazioni non finanziarie". A questo proposito, esplicativo è uno studio svolto da Protin *et al.*, nel 2014 sul contenuto delle ricerche pubblicate, tra il 1980 e il 2012, in riviste scientifiche rilevanti sul tema dell'informazione non finanziaria [22].

Secondo gli autori, dei 318 articoli individuati che contengono l'espressione "non finanziario", solo 14 danno una definizione del concetto, 56 non lo definiscono ma hanno sviluppato riflessioni basate su temi o esempi sufficientemente chiari e dettagliati che ne supportano la sua definizione. Secondo gli autori, inoltre, gli altri testi esaminati affrontano questioni legate a questo concetto senza fornire alcuna definizione o esempio concreto posto a chiarimento [23].

In sostanza, le 14 definizioni individuate, pur se diverse nei contenuti, promuovono implicitamente l'idea che la nozione di informazione non finanziaria si riferisca ad informazioni presentate al di fuori del bilancio e

[21] Direttiva (UE) 2022/2464, Considerando 8.

[22] P. Protin, N. Gonthier-Besacier, C. Disle, F. Bertrand, S. Perier, (2014), *L'information non financière. Clarification d'un concept en vogue*, Revue française de gestion, Vol. 2014/5, No. 242, pp. 37-47.

[23] *Ibidem*.

quindi non provengono dalla tecnica contabile [24]. Questo approccio riflette anche il punto di vista del Financial Accounting Standards Board (FASB) secondo cui le informazioni non finanziarie sono definite come quelle informazioni che non sono divulgate nei rendiconti finanziari di base, vale a dire lo Stato Patrimoniale, il Conto Economico, il Rendiconto Finanziario, la Relazione sulla Gestione e le note [25].

In tal senso, la definizione proposta da Protin *et al.*, si basa sulla stessa logica, ossia che l'informazione non finanziaria deve comprendere tutte quelle informazioni quantitative o qualitative che sono fornite al di fuori del bilancio, che non sono prodotte dai sistemi di informazione contabile e finanziaria e che non hanno un collegamento diretto e facilmente misurabile con la performance finanziaria [26].

La riflessione che può avanzare da questo studio si basa su un'ampia revisione dei contenuti della letteratura aziendale di riferimento e della legislazione europea di settore.

Senza menzionare il contenuto del termine "non finanziario", la stragrande maggioranza delle definizioni pubblicate in studi aziendali assume la forma di negazioni, come ad esempio: "non correlato al bilancio", "al di fuori dell'ambito contabile", "al di fuori del bilancio", ecc. [27]. Questa formulazione è tanto vaga quanto ampia, poiché copre questioni relative alla responsabilità sociale delle imprese (CSR) [28], nonché questioni concernenti la per-

---

[24] Cfr. E. RONCAGLIOLO (2023), *La centralità del bilancio di esercizio per la valutazione dell'impatto sociale delle aziende*, FrancoAngeli, Milano.

[25] Sul punto si veda anche: J.X. JIANG, I.Y. WANG, D. WANGERIN (2018), *How does the FASB make decisions? A descriptive study of agenda-setting and the role of individual board members*, Accounting, Organizations and Society, Vol. 71, pp. 30-46; K. BECKER, J. BISCHOF, H. DASKE (2021), *IFRS: Markets, practice, and politics. Foundations and Trends®*, Accounting, Vol. 15, No. 1-2, pp. 1-262; P. FIECHTER, W.R. LANDSMAN, K. PEASNELL, A. RENDERS (2023), *Do industry-specific accounting standards matter for capital allocation decisions?*, Journal of Accounting and Economics, p. 101670.

[26] *Ibidem*.

[27] L. TARQUINIO (2021), *Il valore aggiunto e il contributo alla rendicontazione delle informazioni non-finanziarie*, in *Informativa economico-sociale*, Vol. 4, p. 295; A. GASPERINI, F. DONI (2014), *La comunicazione delle informazioni non finanziarie: l'attuale quadro normativo*, in *Amministrazione & finanza*, Vol. 29, No. 8, pp. 17-27; A. QUAGLI (ed.) (2024), *L'interesse nazionale nell'economia delle aziende*, FrancoAngeli, Milano.

E. RONCAGLIOLO (2023), *op. cit.*

[28] A. VENTURELLI, R. LEOPIZZI, S. CORONELLA, F. CAPUTO, C. MIO (2016), *Matching Economia Aziendale and Corporate Social Responsibility: roots and frontiers*, in *Rivista italiana di Ragioneria e di Economia Aziendale.*

formance non finanziaria dell'azienda, come il numero di deficit riscontrati nel processo produttivo o le classificazioni di qualità, inducendo l'idea che tali elementi non abbiano alcun impatto finanziario [29]. In tal senso, l'approccio utilizzato risulta fuorviante non solo per l'azienda ma anche per gli stakeholder che vedono presentarsi un'informativa aziendale poco chiara [30].

La Direttiva (UE) 2014/95 ha adottato lo stesso approccio. Nel gruppo delle informazioni di carattere non finanziario sono state incluse tutte quelle informazioni che contribuiscono alla "*comprensione dello sviluppo, dei risultati, della posizione e dell'impatto dell'impresa, riguardanti, come minimo, le questioni ambientali, sociali e relative al lavoro, il rispetto dei diritti umani e la lotta alla corruzione e concussione*" [31].

Le informazioni richieste nella dichiarazione non finanziaria coprivano, dunque, cinque aree prioritarie [32]:

- il modello di business,
- le politiche relative alle questioni annoverate dall'art. 1 della Direttiva europea del 2014,
- i risultati raggiunti da tali politiche,
- i rischi e gli indicatori della performance non finanziaria.

In sostanza, la vaghezza del termine e la prospettiva dell'approccio influiscono sulla rilevanza, affidabilità e comparabilità delle informazioni tecnico-aziendali e, di conseguenza, sulla qualità del reporting relativo alle questioni sociali, ambientali e di governance, giustificando il cambio di paradigma.

Pertanto, "informazione di sostenibilità" rispetto a "informazione non finanziaria" pone un chiaro riferimento a un'idea portatrice di un significato ben preciso e riferito alla "persistenza" degli elementi coinvolti negli ecosistemi aziendali [33]. L'"informazione di sostenibilità" appare possedere un col-

---

[29] R. Leopizzi, F. Caputo (2019), *La funzione sociale dell'azienda. Il contributo dei Maestri*, Vol. 28, Rirea, Roma.

[30] A. Melis (2008), *La qualità dell'informazione esterna. Principi contabili ed evidenze empiriche*, Giuffrè, Milano.

[31] Directive (EU) 2014/95, art. 1.

[32] D. Lenzi (2022), *Sostenibilità delle imprese e dichiarazioni non finanziarie*, Corporate Governance, pp. 159-192.

[33] P. Ricci, Siboni B., Nardo M.T. (2014), *La rendicontazione di sostenibilità*, Rirea, Roma, p. 274(5).

legamento più forte con la realtà attuale e la sua rappresentazione è, a priori, più facilmente percepibile soprattutto in associazione con le recenti emergenze sociali e ambientali e con le sfide poste quotidianamente dallo sviluppo sostenibile.

1.2.2. *L'identificazione di un'informativa più efficace ed efficiente*

Come appena chiarito per la Direttiva (UE) 2014/95, anche la Direttiva (UE) 2022/2464 si basa sul presupposto implicito che l'informazione sia performativa e capace non solo di generare una chiara idea di riferimento ma anche di modificare eventuali atteggiamenti in seno al management aziendale.

L'art. 1, paragrafo 4 (§ 3) stabilisce che: "*Le grandi imprese e le piccole e medie imprese, ad eccezione delle microimprese (...) includono nella Relazione sulla Gestione le informazioni necessarie per comprendere gli impatti dell'impresa sulle questioni di sostenibilità e le informazioni necessarie per comprendere come le questioni di sostenibilità influiscono sullo sviluppo, sulla performance e sul posizionamento dell'impresa*".

L'affermazione di un tale costrutto costituisce una volontà, e, al tempo stesso, genera un obbligo. Il cambiamento di paradigma è, pertanto, rilevante per i suoi effetti figurativi, poiché genera cambiamenti nella rappresentazione degli attori coinvolti nell'ecosistema aziendale.

È da sottolineare, però, che nessuna affermazione può essere autonomamente performativa. La capacità di un'informazione a valenza aziendale di essere efficace ed efficiente è messa a punto dalla collettività e dal suo impegno a coinvolgere non solo gli autori della "dichiarazione performativa", ma anche i destinatari (interni ed esterni al sistema azienda) di tali pronunce [34].

L'azione della Direttiva (UE) 2022/2464 bisogna leggerla in tal senso: la chiara definizione del significato, del valore, del contenuto e dello status delle dichiarazioni aziendali rende più performanti le informazioni sulla sostenibilità.

È inoltre da notare che il passaggio dalle "informazioni non finanziarie" alle "informazioni sulla sostenibilità" è stato progressivo, seguendo la logica

---

A. VENTURELLI, F. CAPUTO, *op. cit.*

[34] P. RIVA (2023), *Ruoli di Corporate Governance: Adeguati assetti e sostenibilità*, EGEA spa, Milano; F. BALLUCHI, K. FURLOTTI, L. PULEJO, U. KOCOLLARI, G. RUSCONI, L. TARQUINIO, A. PUGLISI (2017), *La responsabilità sociale delle imprese: un percorso verso lo sviluppo sostenibile: Profili di governance e di accountability*, Giappichelli, Torino.

del pensiero europeo che parte dagli aspetti generali della costruzione del mercato unico europeo sostenibile e inclusivo, fino alla proposta di costruzione di standard europei di sostenibilità [35].

A livello aziendale, questa logica corrisponde a quella del processo decisionale che parte dalle decisioni di finanziamento e dalle opzioni di investimento fino a giungere alle decisioni operative ed esecutive. Per l'implementazione dei cambiamenti nelle logiche aziendali e manageriali, sono stati necessari degli interventi incrementali e, a loro volta, graduali il che ha conseguentemente generato un'evoluzione dei requisiti informativi e di reporting tecnico-aziendale.

Per tale motivo, la documentazione europea afferente a temi di politica generale come il *Green Deal* europeo (2019) e *l'Action Plan for Financing Sustainable Growth* (2018), che hanno posto l'obiettivo di raggiungere la neutralità climatica entro il 2050 reindirizzando rispettivamente i flussi di capitale verso investimenti aziendali sostenibili, sono stati seguiti *in primis*, nel 2019, da un Regolamento sul reporting di sostenibilità nel settore dei servizi finanziari e *in secundis*, nel 2022, dalla Direttiva sul reporting di sostenibilità aziendale (CSRD) [36].

Tale evoluzione è stata, tra l'altro, evidenziata dal frequente utilizzo delle parole chiave "sostenibile" e "sostenibilità" nella legislazione europea relativa al riconoscimento dei requisiti *Environmental, Social e Governance* (meglio conosciuti con l'acronimo ESG) nella *disclosure* aziendale [37].

A ben vedere, si può notare che nelle Direttive europee emanate meno recentemente, come nella Direttiva contabile del 2013 e in quella sull'informativa non finanziaria del 2014, i termini "sostenibile" e "sostenibilità" sono stati utilizzati molto poco spesso. Dal 2018 e soprattutto dopo le crisi scatu-

---

[35] A. CELENTANO (2022), *Corporate governance e corporate social responsibility disclosure: evidenze empiriche del contesto societario europeo*, FrancoAngeli, Milano.

[36] Sul punto, si veda: J. RIFKIN (2021), *Un green new deal globale*, Mondadori, Milano; F. MOSLEIN, K.E. SORENSEN (2018), *The Commission's Action Plan for Financing Sustainable Growth and Its Corporate Governance Implications*, Eur. Company L., Vol. 15, p. 221; G. GALEONE (2023), *La rendicontazione non finanziaria e la misura dei fattori di sostenibilità. Profili teorici e prospettive future*, Studi e Ricerche di Economia Aziendale, pp. 1-232.

[37] E. CRISTIANO (2023), *La responsabilità sociale di impresa tra opportunità e obbligo: Voluntary vs mandatory disclosure e dinamiche ESG*, FrancoAngeli, Milano; A.M. FELLEGARA, C. D'ESTE, D. GALLI (2016), *Livelli di disclosure e scelte di integrated reporting nelle grandi imprese italiane*, in *L'informativa aziendale tra globalizzazione e identità territoriale*, FrancoAngeli, Milano.

rite dal diffondersi della pandemia da Covid-19, i due concetti sono diventati il punto di riferimento dei dispositivi giuridici, come espressione di consapevolezza della gravità e dell'urgenza di identificare soluzioni ai problemi ambientali e sociali. Nell'ultima Direttiva, invece, quella risalente al 2022, la parola "sostenibilità" associata a differenti costrutti come "fattori di sostenibilità", "criteri di sostenibilità", o "sostenibilità della catena del valore", è stata utilizzata ben 684 volte mostrando, pertanto, un carico informativo e un interesse sempre più rilevante non solo a livello concettuale ma anche empirico.

1.3. *Regolamenti e azioni a sostegno degli investimenti aziendali sostenibili*

Recentemente, la Commissione Europea nella comunicazione sull'*Action Plan for Financing Sustainable Growth* [38], ha sottolineato la necessità di avviare un'azione urgente per adattare e, laddove necessario, stravolgere, le politiche pubbliche dirette a supportare quelle realtà aziendali segnate dagli effetti negativi del cambiamento climatico e dell'esaurimento delle risorse.

I lavori della Commissione partono dall'idea che il comparto aziendale ha un ruolo chiave nel promuovere la transizione ecologica, poiché può agire come intermediario tra utenti e fornitori.

Il Piano d'azione è stato classificato in tre obiettivi [39], a loro volta articolati in dieci misure faro [40], successivamente recepite in un numero altrettanto

---

[38] COM (2018) 97 finale, Comunicazione della Commissione al Parlamento europeo, al Consiglio europeo, alla Banca centrale europea, al Comitato economico e sociale europeo e al Comitato delle regioni relativamente all'"*Action Plan for Financing Sustainable Growth*".

[39] COM (2018) 97, p. 3:

"*1. riorientare i flussi di capitale verso investimenti sostenibili al fine di realizzare una crescita sostenibile e inclusiva;*
2. gestire i rischi finanziari derivanti dal cambiamento climatico, dall'esaurimento delle risorse, dal degrado ambientale e dalle questioni sociali;
3. promuovere la trasparenza e una visione a lungo termine nell'attività finanziaria ed economica".

[40] COM (2018) 97, p. 18:

"*1. istituire un sistema di classificazione UE per le attività sostenibili;*
2. creare standard ed etichette per i prodotti finanziari verdi;

significativo di Direttive, Regolamenti e Atti delegati. A tal proposito, la Direttiva (UE) 2022/2464 dà espressione concreta alla nona misura adottata in questo piano, la cui attuazione deve consentire "*agli investitori e agli stakeholders di valutare la creazione di valore a lungo termine delle imprese e la loro esposizione al rischio di sostenibilità*" [41].

Tale azione deve rispondere a due priorità: migliorare il contributo che il comparto aziendale può dare alla crescita sostenibile e inclusiva finanziando le esigenze a lungo termine della società e rafforzare la stabilità finanziaria integrando i fattori ESG nel processo decisionale [42].

A livello operativo, invece, la priorità è incanalare il capitale a disposizione dell'azienda verso investimenti sostenibili. Tale step è essenziale anche per il successo degli impegni europei poiché l'accesso ai finanziamenti rappresenta un ostacolo agli investimenti sostenibili da parte delle imprese e, in particolare, delle piccole e medie imprese (PMI). Difatti, secondo un sondaggio condotto dalla Banca europea per gli investimenti, il 28,3% delle PMI nell'UE si trova ad affrontare tali difficoltà, così come il 31,7% delle microimprese [43].

Inoltre, secondo la Commissione Europea, "*[la] mancanza di chiarezza tra gli investitori riguardo a ciò che costituisce un investimento sostenibile è un fattore che contribuisce al divario degli investimenti e anche un ostacolo al finanziamento delle infrastrutture sociali necessarie per affrontare le disuguaglianze e l'inclusione*" [44].

L'unica precisazione al concetto di "investimento sostenibile" può esser

---

3. promuovere gli investimenti in progetti sostenibili;
4. incorporare la sostenibilità nella fornitura di consulenza aziendale;
5. sviluppare parametri di riferimento in materia di sostenibilità;
6. integrare meglio la sostenibilità nei rating e nelle ricerche di mercato;
7. chiarire i doveri degli investitori istituzionali e dei gestori patrimoniali;
8. incorporare la sostenibilità nei requisiti prudenziali;
9. rafforzare la divulgazione della sostenibilità e la regolamentazione contabile;
10 promuovere una governance aziendale sostenibile e attenuare la visione a breve termine nei mercati dei capitali".

[41] COM (2018) 97, p. 12.

[42] L. Bosetti (2017), *La corporate governance nell'Unione europea: interventi di armonizzazione e best practices*, Vol. 33, cit.; C.A. Dittmeier (2011), *Internal auditing: chiave per la corporate governance*, Internal auditing, pp. 1-467.

[43] Commissione Europea (2022), *Annual Report on European SMEs 2021/22, SMEs and environmental sustainability*, SME Performance Review 2021/2022, pp. 79-90.

[44] COM (2018) 97, p. 4.

letta nel Regolamento (UE) 2019/2088. Secondo tale Regolamento, con "investimento sostenibile" s'intende "*un investimento in un'attività economica che contribuisce a un obiettivo ambientale (...) o (...) a un obiettivo sociale (...) a condizione che tali investimenti non danneggino in modo significativo nessuno degli obiettivi aziendali e che le società partecipate continuino a perseguire buone pratiche di governo*" [45].

Ciò che, inoltre, annovera la Commissione è che i criteri ESG e gli obiettivi sostenibili d'impresa devono poter essere misurati attraverso l'impiego di indicatori chiave relativi all'efficienza delle risorse, alla produzione di rifiuti e alle emissioni di gas serra e sull'economia circolare.

Per quanto riguarda gli obiettivi sociali d'impresa, il Regolamento del 2019 mira a combattere le disuguaglianze, rafforzare la coesione sociale, l'integrazione sociale e le relazioni "industria-impresa" ed investire nel capitale umano.

Il valore dell'investimento, pertanto, deve essere affrontato e posto sotto osservazione in relazione al rischio di sostenibilità, definito come "*un evento o una condizione ambientale, sociale o di governance che, se si verificasse, potrebbe causare un impatto negativo materiale, reale o potenziale, sul valore stesso dell'investimento*" [46].

L'implementazione dei meccanismi di valutazione sopra menzionati e l'orientamento dei flussi di capitale già presenti e disponibili in azienda verso investimenti sostenibili, hanno richiesto una comprensione comune del concetto di "sostenibilità", concetto definito grazie al riconoscimento di criteri utili a classificare e identificare le attività sostenibili [47].

In tal senso, il Regolamento (UE) 2020/852, anche noto come Regolamento "Tassonomia", ha stabilito i criteri per determinare se e in che misura un'attività economica si qualifica come ecosostenibile [48]. Tale Regolamento ha posto in modifica anche gli obblighi di rendicontazione per le imprese indirizzandole verso l'impiego di indicatori misurabili e verificabili atti a valutare come e in che misura le attività d'impresa sono considerate "ambientalmente" sostenibili [49].

---

[45] Regolamento (UE) 2019/2088, art. 2 (§ 17).

[46] Regolamento (UE) 2019/2088, art. 2 (§ 24).

[47] E. PAVIONE, P. GAZZOLA, S. AMELIO, J. MAGRÌ, (2020), *Smart Industry e sviluppo sostenibile, imprese intelligenti e SDGs 2030*, in *Economia Aziendale Online*, Vol. 11, No. 1, pp. 41-53.

[48] M. COSSU (2022), *Tassonomia finanziaria e normativa dei prodotti finanziari sostenibili e governo societario*, in *Banca Impresa Società*, Vol. 41, No. 3, pp. 433-487.

[49] O.M.S. CUCARO (2017), *La disclosure sullo sviluppo sostenibile e il maggior valore ri-*

Il legislatore europeo volendo chiarire la definizione di investimento ecosostenibile, ha precisato che esso è un investimento in una o più attività economiche che possono essere considerate ambientalmente sostenibili [50]. Pertanto, la sostenibilità dell'investimento è condizionata dalla sostenibilità stessa del ciclo economico in cui l'attività d'impresa è inserita.

Secondo il Regolamento sulla Tassonomia, "*un'attività economica si qualifica come sostenibile dal punto di vista ambientale quando tale attività (...) contribuisce sostanzialmente a uno o più obiettivi ambientali (...), non danneggia in modo significativo nessun altro obiettivo*" [51] ed è svolta nel rispetto delle garanzie minime dei diritti umani e fondamentali [52].

In sostanza, dei sei obiettivi ambientali, solo i primi due, mitigazione e adattamento ai cambiamenti climatici, sono soggetti ad un Regolamento Delegato [53] il quale specifica il contenuto delle informazioni che devono essere pubblicate dai diversi attori aziendali e no. Come visto, in tale Regolamento la "sostenibilità" è limitata alle questioni ambientali. Mentre, è nel Regolamento (UE) 2019/2088 che la sostenibilità è affrontata in una visione più ampia, ovvero tramite il riconoscimento di "*questioni ambientali, sociali e legate al lavoro, rispetto dei diritti umani e questioni relative all'anticorruzione e anti-concussione*" [54].

---

conosciuto all'azienda dal mercato, ResearchFreelance; P. GAZZOLA (2012), *CSR e reputazione nella creazione di valore sostenibile*, in *Economia Aziendale Online*, Vol. 2, pp. 27-45.

[50] Regolamento "Tassonomia", art. 2 (§ 1).

[51] Nel Regolamento "Tassonomia" l'art. 9 recita testualmente: "*For the purposes of this Regulation, the following shall be environmental objectives: (a) climate change mitigation; (b) climate change adaptation; (c) the sustainable use and protection of water and marine resources; (d) the transition to a circular economy; (e) pollution prevention and control; (f) the protection and restoration of biodiversity and ecosystems*".

[52] *Ibidem*, artt. 3 e 18.

[53] Il Regolamento Delegato (UE) 2021/2178 del 6 luglio 2021 che integra il Regolamento (UE) 2020/852 del Parlamento Europeo e del Consiglio, specifica il contenuto e la presentazione delle informazioni che devono essere divulgate dalle imprese soggette agli artt. 19 bis e/o 29 bis della Direttiva 2013/34/UE relativamente alle attività economiche ecosostenibili e specifica la metodologia per adempiere a tale obbligo di informativa.

Invece, il Regolamento Delegato (UE) 2021/2139 del 4 giugno 2021 che integra il Regolamento (UE) 2020/852 del Parlamento Europeo e del Consiglio, stabilisce i criteri di vaglio tecnico per determinare le condizioni in base alle quali un'attività economica può qualificarsi come un contributo sostanziale alla mitigazione dei cambiamenti climatici o all'adattamento ai cambiamenti climatici e per determinare se tale attività economica non causi danni significativi a nessuno degli altri obiettivi ambientali.

[54] Regolamento (UE) 2019/2088, art. 2 (§ 24).

Considerati i concetti di cui sopra e l'entità delle implicazioni di questi dispositivi legislativi, la modifica del paradigma "*non-financial disclosure*" in "*sustainability information*" conferisce coerenza al quadro concettuale europeo, rendendo più chiare le interconnessioni tra i diversi atti europei e garantendo un più semplice orientamento all'agire operativo aziendale.

1.4. *Gli obiettivi dell'Agenda 2030 nell'ottica del* sustainability reporting *aziendale*

Il cambiamento introdotto dalle normative europee nei sistemi di rendicontazione aziendale risulta concettualmente coerente con le dichiarazioni internazionali sullo sviluppo sostenibile e gli impegni internazionali nell'ambito dell'Agenda 2030 adottati dall'Assemblea Generale delle Nazioni Unite sin dal 2015.

La pubblicazione nei sistemi di rendicontazione da parte di alcune categorie di imprese di informazioni rilevanti, comparabili e affidabili sul tema della sostenibilità garantisce un generale migliore monitoraggio ed una maggiore trasparenza dei progressi compiuti a livello europeo e internazionale verso il raggiungimento degli obiettivi proposti [55].

L'obbligo per le aziende di ampliare l'informativa ed il ventaglio di nuovi strumenti di misurazione e valutazione della sostenibilità, ha l'intenzione di facilitare il raggiungimento di alcuni obiettivi, tra cui i target 5, 10, 12 e 13 dell'Agenda 2030.

In sostanza, la principale proposta della Commissione sulla classificazione delle attività in base al loro potenziale contributo agli obiettivi ambientali (la cosiddetta "Tassonomia"), consente non solo di supportare le attività messe in atto dalle aziende verso la transizione sostenibile, ma anche di orientare i flussi finanziari verso le priorità definite dagli accordi europei e dalle comunità internazionali.

A ben vedere, e come supportato dalla letteratura della dottrina aziendale,

---

[55] F. INDELICATO (2014), *Report e Reporting integrato: verso un nuovo modello di bilancio*, Equilibri, Vol. 18, No. 1, pp. 9-37; L. TARQUINIO (2021), *Il valore aggiunto e il contributo alla rendicontazione delle informazioni non-finanziarie*, Informativa economico-sociale, Vol. 4, p. 295.

il rapporto tra l'ordinamento giuridico e il contesto sociale in cui l'impresa opera, può esser letto secondo tre prospettive: legalità, legittimità ed efficacia [56].

Nella normativa europea, il concetto di legalità è essenzialmente di natura giurisdizionale e si spiega con la competenza d'impresa (prevalentemente tecnico-manageriale) e con l'architettura istituzionale *sui generis* della Comunità europea [57].

La legittimità, principio guida dell'agire aziendale, si misura con l'osservanza, da parte del management aziendale, dei principi sostanziali e dei valori che orientano le azioni [58]. Essa è generalmente associata a "*operazioni che possono essere oggetto di dibattito dal punto di vista giuridico-economico-aziendale*" [59].

Invece, l'"efficacia" si riferisce agli effetti della legge "*determinati dalla stessa e dalla modalità con la quale viene attuata*", indipendentemente dal fatto che questi si concretizzino attraverso cambiamenti nelle pratiche degli attori aziendali o nelle loro rappresentazioni. Quindi, il concetto di efficacia si riferisce anche all'adeguatezza e all'efficienza delle norme e dei regolamenti, poiché, una volta individuati, i loro effetti sui sistemi di reporting devono poter essere, successivamente, posti in valutazione [60]. È per questo motivo che il passaggio dall'informazione non finanziaria a quella sulla sostenibilità ha principalmente generato nuove relazioni tra il contesto sociale, le norme giuridiche e l'organizzazione aziendale sia a li-

---

[56] T.D. WILMSHURST, G.R. FROST (2000), *Corporate environmental reporting: A test of legitimacy theory*, Accounting, Auditing & Accountability Journal, Vol. 13, No.1, pp. 10-26.

R. LEOPIZZI, F. CAPUTO (2019), *La funzione sociale dell'azienda. Il contributo dei Maestri*, Vol. 28, Rirea, Roma.

G. CASTELLANI (2015), *Responsabilità sociale d'impresa. Ragioni, azioni e reporting*, Maggioli, Rimini.

V. NACITI (2022), *Responsabilità sociale d'impresa e riflessi sulla governance e sui processi di rendicontazione Teorie, strumenti e nuovi paradigmi in prospettiva economico-aziendale*, Giappichelli, Torino.

[57] T. SLINGENEYER, M. VOGLIOTTI (2019), *The New Paths of Legality*, University of Saint-Louis, Bruxelles, pp. 275-281.

[58] G. AIROLDI, G. BRUNETTI, V. CODA (2005), *Corso di economia aziendale*, il Mulino, Bologna.

[59] C. COGLIANESE (2007), *Legitimacy and corporate governance*, Delaware Journal of Corporate Law, Vol. 32, No. 159.

[60] G. GALEONE (2023), *op. cit.*

vello di rappresentanza degli attori aziendali che di modificazione delle loro stesse pratiche [61].

Inoltre, tali nuove relazioni scaturiscono dal riconoscere che le realtà economico-aziendali rappresentano un insieme complesso e dinamico di aziende che possiedono valori tra loro interconnessi [62]. A ben vedere, le interferenze tra le norme giuridiche e il funzionamento dell'organizzazione aziendale, in generale, sono sempre esistite poiché il diritto orienta gli attori operanti nel comparto aziendale verso un certo tipo di azione, generando, allo stesso tempo, determinati vincoli nelle loro scelte. Questi limiti si sono recentemente moltiplicati poiché calati nel contesto della globalizzazione, della crescente diversificazione delle fonti giuridiche, dell'emergere di nuove sfide ambientali e sanitarie, dell'ampliamento delle disparità e della diversificazione delle tipologie di stakeholder coinvolti [63].

Pertanto, il perimetro del "confronto" tra realtà aziendale e adeguamento della stessa all'evoluzione normativa, si è notevolmente ampliato, puntando a: rafforzare la coerenza tra norme giuridiche, valori sociali e leggi economiche; chiarire il rapporto tra gli obiettivi perseguiti a livello manageriale e i mezzi impiegati per conseguirli; definire il rapporto tra strumenti giuridici e tecnico-contabili-aziendali a cui questi strumenti dovrebbero rispondere [64].

---

[61] P.A. SOYKA (2012), *Creating a sustainable organization: Approaches for enhancing corporate value through sustainability*, FT Press, New Jersey, USA.

R.J. BAUMGARTNER, R. RAUTER (2017), *Strategic perspectives of corporate sustainability management to develop a sustainable organization*, Journal of Cleaner Production, Vol. 140, pp. 81-92.

[62] F. FORTUNA (2004), *Il segmental reporting nel processo informativo d'impresa: comunicazione interna, esterna e creazione di valore*, Vol. 333, FrancoAngeli, Milano.

R. DE CICCO (2009), *L'informativa esterna nei sistemi di governo economico dell'impresa: influenza delle variabili ambientali sui paradigmi di corporate governance e di bilancio*, EGEA, Milano.

E. GIACOSA (2015), *La comunicazione economico-finanziaria d'impresa: Finalità, strumenti e comportamenti attuali e teorici in un modello "ideale" di comunicazione*, Giappichelli, Torino.

[63] M. PEDRINI (2012), *I bilanci di sostenibilità e delle risorse intangibili: il processo di integrazione nelle aziende italiane*, Economia Aziendale Online, Vol. 1, pp. 117-146.

M. MANINI, M. MISTRETTA, S. SERRA (2024), *Organizzazione Adattiva: Il modello evolutivo delle organizzazioni agili e sostenibili*, FrancoAngeli, Milano.

[64] S. DEAKIN, F. CARVALHO (2011), *System and evolution in corporate governance*, Law, economics and evolutionary theory, pp. 111-130.

Tale delineata prospettiva è quella da cui partire al fine di analizzare il rapporto tra l'evoluzione delle norme giuridiche e le realtà aziendali, sviluppato dalla Direttiva (UE) 2022/2464 sulla rendicontazione di sostenibilità [65]. Un simile approccio determina due conseguenze: una conseguenza diretta che consente di giungere ad una riflessione applicativa nel contesto d'impresa e una indiretta che consente, invece, di sviluppare pratiche innovative nei processi aziendali.

La completa attuazione di tale Direttiva dovrebbe aumentare la consapevolezza delle aziende sul proprio operato e motivarle a indirizzare i flussi di capitale verso quelle attività che rispettano i requisiti di sostenibilità, influenzarle nella definizione di priorità di gestione e di governance aziendale nel processo decisionale e portarle a supportare l'avvio di un processo di cambiamento del comportamento di tutti gli attori coinvolti nella catena del valore.

Inoltre, in linea con quanto richiesto dall'Agenda 2030, la Direttiva (UE) 2022/2464 è stata redatta seguendo i principi di sussidiarietà e proporzionalità. Il principio di sussidiarietà lo si osserva poiché vi è coerenza tra le norme in materia di informativa sulla sostenibilità e le altre normative emanate a livello europeo [66].

Il rispetto del principio di proporzionalità consente, invece, di determinare non solo le categorie di società soggette agli obblighi di informazione, ma anche l'ambito delle informazioni da divulgare, a seconda delle risorse, delle capacità e della complessità delle loro attività.

Le informazioni sulla sostenibilità devono soddisfare le esigenze degli utenti cui l'azienda fa riferimento senza imporre, al contempo, un onere alle aziende soggette all'applicazione della Direttiva o indirettamente interessate poiché facenti parte della catena del valore. Per le PMI, ad esempio, è stato autorizzato un obbligo semplificato di rendicontazione sulla sostenibilità e sono state concesse scadenze più lunghe per la pubblicazione del primo rapporto di sostenibilità (scadenza prevista per il 2027 ma con la possibilità di posticipare, come termine ultimo, al 2029) [67].

---

[65] S. SCARCELLA PRANDSTRALLER, M. ROMANI (2023), *Manuale di Reporting di Sostenibilità*, McGraw Hill Italia, Milano.

[66] T. TREU (2023), *Welfare aziendale*, Ipsoa, Milano.

R. MAZZOTTA, S. VELTRI (2022), *Dalla voluntary alla mandatory disclosure dell'informativa societaria di natura non finanziaria: analisi del percorso e tendenze evolutive*, FrancoAngeli, Milano.

[67] F. PERRINI (2022), *Sostenibilità e PMI: aspetti strategici, operativi e finanziari*, EGEA spa, Milano; A. LANZA, A.M. ROSCIO (2022), *Responsabilità sociale, sostenibilità ambienta-*

1.4.1. *Il principio della doppia materialità*

La Direttiva (UE) 2022/2464 introduce esplicitamente il "principio della doppia materialità" negli obblighi di rendicontazione della sostenibilità aziendale. Tale espressione è stata tradotta in modi differenti nei diversi ordinamenti europei, riconoscendo al concetto di "materialità" la connotazione semantica di: "significato", "importanza", "rilevanza".

In contabilità, la "materialità" corrisponde alla rilevanza dell'informazione contabile e al fatto che, alla stessa, vi sia attribuito un riconoscimento di tangibilità [68].

La doppia materialità è, dunque, un concetto complesso, la cui definizione unisce due prospettive al fine di considerare le informazioni sulla sostenibilità nei processi decisionali [69]:

- una prospettiva che osserva dall'esterno verso l'interno, secondo la quale solo le informazioni relative agli impatti positivi e negativi dell'ambiente (economico e sociale) sull'organizzazione sono rilevanti e, come tali, devono essere prese in considerazione [70]. È una prospettiva che considera le opportunità (impatti positivi) e i rischi (impatti negativi) dell'impresa (c.d. "materialità finanziaria") [71];
- una prospettiva che osserva dall'interno verso l'esterno, secondo la quale sono reputate rilevanti quelle informazioni relative agli impatti negativi e positivi che ha l'impresa sull'ambiente economico e sociale (c.d. "materialità d'impatto") [72].

Questo approccio si basa sulla teoria delle "esternalità", secondo la quale

---

le e rating ESG nelle PMI italiane, in *Economia & management: la rivista della Scuola di Direzione Aziendale dell'Università L. Bocconi*, Vol. 3, pp. 77-84.

[68] C. EDGLEY, *A genealogy of accounting materiality*, Critical Perspectives on Accounting, Vol. 25, No. 3, pp. 255-271.

[69] E. CRISTIANO (2023), *La responsabilità sociale di impresa tra opportunità e obbligo: Voluntary vs mandatory disclosure e dinamiche ESG*, FrancoAngeli, Milano.

[70] R. LEOPIZZI, F. CAPUTO (2019), *La funzione sociale dell'azienda. Il contributo dei Maestri*, Vol. 28, Rirea, Roma.

[71] L. MARCHI, S. MARASCA (1998), *Il sistema delle operazioni e la dinamica dei processi*, in L. MARCHI (a cura di), *Introduzione all'economia aziendale*, II edizione, Giappichelli, Torino.

A. D'ANDREA (2020), *Il principio di materiality nell'informativa non finanziaria*, Giappichelli, Torino.

[72] A. D'ANDREA (2020), *op. cit.*

l'esternalità (positiva o negativa) è, per definizione, un guadagno o una perdita che un agente economico (individuo o azienda) impone ad un altro (o ad altri) al di fuori del mercato, escludendo, così, qualsivoglia forma di compensazione [73].

In tal senso, l'esternalità si riferisce alla nozione di impatto. Per l'EFRAG (*European Financial Reporting Advisory Group*), l'organismo incaricato dalla Commissione Europea atto a sviluppare le norme tecniche di sostenibilità, la "materialità" dovrebbe essere intesa come un criterio per includere le informazioni nelle Relazioni sulla gestione delle aziende. Questo criterio riflette:

- l'importanza dell'informazione in relazione al fenomeno che dovrebbe descrivere;
- la capacità dell'informazione stessa di soddisfare i bisogni e le aspettative degli stakeholder e dell'impresa, consentendo un sano processo decisionale;
- e, più in generale, le esigenze di trasparenza nell'interesse delle comunità [74].

Pertanto, il "doppio significato" della materialità, secondo la prospettiva dell'EFRAG, è un concetto che fornisce criteri per determinare se un argomento/tema o informazione sulla sostenibilità debba essere incluso o meno nel *sustainability reporting* dell'azienda [75].

La doppia materialità deve essere, dunque, intesa come una combinazione, una simbiosi delle due forme di materialità (materialità finanziaria e materialità di impatto). Un'informazione sulla sostenibilità soddisfa il criterio della doppia materialità se è significativa in termini finanziari o in termini di impatto o entrambi contemporaneamente [76]. Questo duplice approccio è di particolare interesse nel processo decisionale poiché coinvolge sia la società che redige il *reporting* che gli altri stakeholder interessati a vario titolo alla gestione d'impresa. La prospettiva dell'impresa diventa, pertanto, visibile

---

[73] R. PERMAN, J. MCGILVRAY, M. COMMON (2003), *Natural resource and environmental economics*, 3rd edition, Pearson Education, Milano.

[74] EFRAG (2022), *European Sustainability Reporting Guidelines 1 Double materiality conceptual guidelines for standard-setting*, p. 4, https://www.efrag.org/.

[75] C. DODSWORTH, E. BOURNE, B.L. SCHLICH, J. KOOROSHY (2023), *Financial, Double, or Dynamic? Theories of ESG Materiality and Practitioner Approaches*, Journal of Impact & ESG Investing, Vol. 4, No. 2.

[76] *Ibidem*.

nella materialità finanziaria, essendo, come suddetto, una prospettiva che "osserva dall'esterno verso l'interno".

Secondo il concetto di "materialità finanziaria" un'informazione assume materialità se genera effetti finanziari sulle imprese, ossia genera rischi o opportunità che influenzano o sono suscettibili di influenzare i flussi di cassa futuri e quindi il valore aziendale dell'impresa nel breve, medio o lungo termine ma non sono rilevati dal rendiconto finanziario alla data di riferimento del bilancio" [77].

Invece, la materialità d'impatto è la prospettiva assunta dagli stakeholder, ovvero quella prospettiva che "osserva dall'interno verso l'esterno". Le informazioni sulla sostenibilità sono rilevanti dal punto di vista della materialità d'impatto se l'impresa può potenzialmente generare impatti significativi, effettivi o potenziali, sulle persone o sull'ambiente [78].

Tali significati, attribuiti dall'EFRAG, sono deducibili dalla Direttiva (UE) 2022/2464, che impone alle aziende di "*rendere conto sia sugli impatti che le attività d'impresa possono generare sulle comunità e sull'ambiente, sia su come le questioni di sostenibilità possono incidere sull'attività d'impresa*". Per tale motivo, si tratta la materialità seguendo una "doppia" prospettiva [79].

Lo stesso Considerando specifica, inoltre, l'obbligo di rendicontazione per le situazioni in cui le questioni di sostenibilità risultano significative da una sola delle due prospettive: "*è necessario chiarire che le imprese dovrebbero considerare ciascuna prospettiva di materialità a sé stante, e divulgare sia le informazioni che sono rilevanti da entrambe le prospettive che quelle rilevanti da una sola prospettiva*" [80].

La definizione di rilevanza finanziaria adottata dal legislatore europeo è molto simile a quella proposta dall'EFRAG. A ben vedere, un aspetto dello sviluppo sostenibile può essere considerato finanziariamente rilevante se innesca, o è probabile che inneschi, effetti finanziari significativi sullo sviluppo dell'impresa, compresi i suoi flussi di cassa e le sue condizioni finanziarie.

In termini di rilevanza d'impatto, la Direttiva del 2022 fa riferimento agli "*impatti significativi, effettivi o potenziali, positivi o negativi, che l'impresa*

---

[77] *Ibidem.*

[78] *Ibidem.*

[79] Direttiva (UE) 2022/2464, Considerando 29.

[80] *Ibidem.*

può avere sulle comunità o sull'ambiente nel breve, medio o lungo termine". Questi includono sia gli impatti "direttamente causati dall'impresa", o "ai quali l'impresa contribuisce", o ancora "collegati alla catena del valore dell'impresa", sia i rapporti commerciali [81]. I rapporti commerciali comprendono la catena del valore a monte e a valle dell'impresa e non sono limitati ai rapporti contrattuali diretti.

In sostanza, le valutazioni della materialità sia d'impatto che finanziarie, sono interdipendenti e le aziende devono tenerne conto nella redazione del *sustainability reporting*. L'applicazione di questo principio consente alle aziende di identificare tra tutti gli impatti, i rischi e le opportunità, quelli che sono materiali e che devono, pertanto, essere inclusi nei sistemi di *reporting* di sostenibilità. Tuttavia, le disposizioni della Direttiva europea lasciano ancora dei gap relativi alla modalità di applicazione del principio della doppia materialità. In tal senso, sono attesi dei chiarimenti dalle normative nazionali in tema di sostenibilità e risultano attualmente in fase di sviluppo da parte dell'EFRAG.

[81] B. GINER (2022), *Sustainability reporting: Some challenges from and for the European union*, Accounting Auditing Control, Vol. 28, No. 4, pp. 7-20.

Capitolo Secondo

Una rinnovata prospettiva sulla creazione di valore: i nuovi principi europei per il sustainability reporting

SOMMARIO: 2.1. Premessa. – 2.2. L'informazione sulla sostenibilità ed il vantaggio generato per gli stakeholder. – 2.3. La prospettiva di *accountability* per l'informazione sulla sostenibilità. – 2.4. La creazione di valore sostenibile secondo il nuovo quadro regolamentare europeo. – 2.5. L'*auditing* a garanzia dell'informativa di sostenibilità. – 2.6. *European Sustainability Reporting Standards* (ESRS): i nuovi principi atti a uniformare l'informativa nel *sustainability reporting*.

2.1. *Premessa*

Le recenti Direttive europee, prendendo spunto dai Principi Guida delle Nazioni Unite sulle imprese e sui diritti umani, dispongono obblighi di *reporting* e *due diligence* sulla creazione di valore. L'orientamento del *reporting* aziendale verso la creazione di valore è stato sviluppato dall'*International Integrated Reporting Council* (IIRC) [1] e incluso nell'*International Integrated Reporting Framework*.

Senza proporre una definizione al concetto stesso di valore, l'IIRC si concentra sul processo di creazione e sostiene "*un approccio che attinga a diverse fonti di informazione al fine di riflettere l'intera gamma di fattori che hanno un impatto sulla capacità di creare valore a breve, medio e lungo termine per*

---

[1] L'*International Integrated Reporting Council* (IIRC) (in precedenza *International Integrated Reporting Committee*) è stato costituito nell'agosto 2010 e mira a sviluppare un framework di processo accettato a livello globale che si traduca in comunicazioni e raccomandazioni per la creazione di valore nel tempo.

l'azienda stessa, per gli stakeholders e per la società nel suo complesso"[2].

Il legislatore europeo adotta lo stesso approccio, evocando la creazione di valore da due punti di vista: quello del contributo delle risorse immateriali e quello della catena del valore[3].

La Direttiva europea del 2022 ha introdotto l'obbligo per le imprese di fornire informazioni sulle "risorse immateriali chiave"[4] generate internamente, al fine di consentire agli utenti di comprendere meglio lo sviluppo, i risultati e la posizione delle imprese, nonché il crescente divario tra il loro valore contabile e il valore di mercato.

Le informazioni sulle capacità, competenze ed esperienze dei dipendenti, la lealtà verso l'azienda e la volontà di migliorare processi, beni e servizi, nonché le informazioni sulla qualità delle relazioni tra azienda e stakeholder sono considerate inseparabili dalle questioni di sviluppo aziendale. A tal proposito, ne rappresenta un esempio il fatto che la Direttiva sottolinei a più riprese l'importanza delle informazioni relative al comparto di ricerca e sviluppo e l'obbligo per le aziende di basare su prove scientifiche le informazioni fornite nei *sustainability reporting*[5].

L'obbligo di fornire informazioni nonché rispettare la *due diligence* in materia di sostenibilità riguarda non solo le attività dell'impresa ma anche l'intera catena del valore. A ben vedere, anche dal punto di vista del numero citazionale, si è verificata una progressiva sostituzione del termine "catena di approvvigionamento" con quello di "catena del valore", aumentando di valore nella proposta di Direttiva *on corporate sustainability due diligence and amending* (EU) 2019/1937. Tale concetto, introdotto nella teoria manageriale da Michel Porter, designa l'insieme delle attività situate a monte o a valle della catena di valore d'impresa che ne influenzano il vantaggio competitivo[6].

---

[2] *International Integrated Reporting Council* (IIRC), https://www.integratedreporting.org/, accesso: dicembre, 2023.

[3] Direttiva (UE) 2022/2464, Considerando 31.

[4] Le risorse essenziali immateriali essenziali sono risorse prive di sostanza fisica da cui dipende fondamentalmente il modello di business dell'impresa e che costituiscono una fonte di creazione di valore per la società. Per maggiori approfondimenti si veda: Direttiva (UE) 2022/2464, art. 1, comma (1), Considerando 19.

[5] S. Cooper, G. Michelon (2022), *Conceptions of materiality in sustainability reporting frameworks: Commonalities, differences and possibilities*, Handbook of accounting and sustainability, pp. 44-66.

[6] M. Porter (1985), *Competitive Advantage: Creating and Sustaining Superior Performance*, Free Press, New York, USA.

La proposta di Direttiva sulla *due diligence on corporate sustainability*, definisce con "catena del valore" quelle "*attività legate alla produzione di beni o alla fornitura di servizi da parte di un'impresa, compreso lo sviluppo, l'uso e lo smaltimento del prodotto o del servizio nonché le attività connesse ai rapporti commerciali consolidati a monte e a valle della società*" [7].

Sebbene la prima parte della definizione abbia una connotazione manageriale, la seconda se ne allontana gradualmente includendo requisiti che coprono l'intero ciclo del prodotto, dalla progettazione allo smaltimento, nonché aggiungendo elementi necessari al fine di considerare quei rapporti commerciali consolidati in azienda all'interno del valore prodotto dalla catena [8]. Inoltre, il legislatore vede il "rapporto commerciale consolidato" come "*rapporto d'affari, diretto o indiretto, che è o si prevede sarà, duraturo, tenuto conto della sua intensità e che non rappresenta una parte trascurabile o meramente accessoria del catena del valore*" [9], senza specificare livelli ai quali verrà valutata la durata, l'intensità o la non trascurabilità del rapporto.

Le nuove norme che obbligano le imprese a informare sul processo di creazione di valore e a monitorare la loro catena del valore dal punto di vista della tutela dei diritti umani, della tutela dell'ambiente e degli standard lavorativi sono una novità nella legislazione europea. Non vi è dubbio che tali novità debbano essere introdotte fornendo ulteriori chiarimenti sul concetto e sulla configurazione delle catene del valore, dei rapporti commerciali consolidati, ma anche sulla comprensione e interpretazione dei nuovi obblighi giuridici imposti alle imprese [10].

---

[7] COM (2022) 71 versione definitiva 2022/0051, art. 3, lett. (g).

[8] J. SALORANTA, A. HURMERINTA-HAANPÄÄ (2022), *Proactive contract theory in the context of corporate sustainability due diligence*, Journal of Strategic Contracting and Negotiation, Vol. 6, No. 3-4, pp. 221-236.

G.D. MOSCO, R. FELICETTI (2022), *Prime riflessioni sulla proposta di direttiva UE in materia di Corporate Sustainability Due Diligence*, in *Analisi Giuridica dell'Economia*, Vol. 21, No. 1, pp. 185-211.

[9] COM (2022) 71 versione definitiva 2022/0051, art. 3, lett. (f).

[10] F. BALKAU, G. SONNEMANN (2010), *Managing sustainability performance through the value-chain. Corporate Governance*, The international journal of business in society, Vol. 10, No. 1, pp. 46-58.

A.P. MOL (2015), *Transparency and value chain sustainability*, Journal of cleaner production, Vol. 107, pp. 154-161.

2.2. *L'informazione sulla sostenibilità ed il vantaggio generato per gli stakeholder*

L'obiettivo principale della Direttiva (UE) 2022/2464 è armonizzare e migliorare la disponibilità e la qualità delle informazioni sulla sostenibilità delle imprese al fine di includerle, in modo chiaro e veritiero, nel *sustainability reporting*. Questo obiettivo è volto a ridurre l'asimmetria informativa che aleggia tra i diversi portatori di interessi, tentare di eliminare i divari di potere e anche i rischi ad essi associati [11]. Divulgare informazioni sulla sostenibilità d'impresa che siano di qualità, comparabili, pertinenti e affidabili è principalmente vantaggioso per la società che redige il reporting, ma anche per tutti gli altri stakeholder con cui l'impresa intrattiene rapporti d'affari: le aziende della società civile, i cittadini e la comunità nel suo insieme [12].

In tal modo, gli investitori, compresi gli *asset manager*, saranno in grado di mantenere e garantire, sulla base delle informazioni disponibili, maggiori flussi finanziari verso attività qualificate come sostenibili; i partner commerciali saranno in grado di utilizzare queste informazioni per comprendere i rischi e gli impatti della sostenibilità all'interno delle catene del valore; i sindacati e i rappresentanti dei lavoratori saranno meglio informati e coinvolti in modo più adeguato nel dialogo sociale; gli attori della società civile saranno più consapevoli dell'impatto delle loro decisioni sulle attività imprenditoriali, sulle comunità e sull'ambiente; le agenzie per la tutela ambientale saranno maggiormente in grado di monitorare le tendenze sociali e ambientali; i cittadini disporranno, in via generale, di informazioni utili per investire in maniera ragionata sullo sviluppo sostenibile [13].

Tali informazioni sono considerate valide anche per i decisori politici coinvolti non solo nella progettazione ma anche nell'attuazione delle politi-

---

[11] A.R. Al Natour, R. Meqbel, S. Kayed, H. Zaidan (2022), *The role of sustainability reporting in reducing information asymmetry: the case of family-and non-family-controlled firms*, Sustainability, Vol. 14, No. 11, p. 6644.

L.E. Hickman (2020), *Information asymmetry in CSR reporting: publicly-traded versus privately-held firms*, Sustainability Accounting, Management and Policy Journal, Vol. 11, No. 1, pp. 207-232.

[12] I.M. García-Sánchez, L. Noguera-Gámez (2017), *Integrated reporting and stakeholder engagement: The effect on information asymmetry*, Corporate Social Responsibility and Environmental Management, Vol. 24, No. 5, pp. 395-413.

[13] *Ibidem*.

che pubbliche e nel motivare le loro decisioni in ambito economico, sociale e ambientale.

Infine, tutti i meccanismi di pubblicazione, diffusione e utilizzo delle informazioni sulla sostenibilità dovrebbero mirare a supportare l'evoluzione delle realtà economico-sociali verso un sistema stabile, sostenibile e inclusivo a vantaggio di tutti.

2.3. *La prospettiva di* accountability *per l'informazione sulla sostenibilità*

Le recenti normative europee hanno aumentato il carico di responsabilità che incombe sulle aziende le quali devono attenzionare sempre più il loro impatto sull'ambiente, sui diritti fondamentali e sulla *due diligence on sustainability*. In tal senso, è prevista l'obbligatorietà di divulgare una serie di informazioni sulla sostenibilità che vanno oltre a quelle previste dalla Direttiva (UE) 2014/95, essendo le imprese responsabili del contenuto dei propri *reporting* e obbligate a rendere conto alle parti interessate delle loro decisioni e azioni.

A ben vedere, la loro responsabilità è notevolmente aumentata anche in termini di portata, natura e contenuto delle informazioni, nonché di chiarezza, qualità e forma di presentazione. Le società che rientrano nel campo di applicazione della Direttiva (UE) 2022/2464 devono includere nella loro relazione sulla gestione informazioni in conformità con gli standard europei che regolano il *reporting* di sostenibilità. È stata prevista l'adozione di tali standard entro il 30 giugno 2023, mentre entro il 30 giugno 2024 si prevede l'adeguamento per le PMI e per le imprese di Paesi terzi [14].

L'obbligo di comunicazione riguarda informazioni quantitative e qualitative, prospettiche e retrospettive, compresi, ove opportuno, le previsioni fatte su orizzonti a breve, medio e lungo termine. Le società sono tenute a pubblicare il *sustainability reporting* come parte integrante della relazione sulla gestione entro un termine congruo e non superiore a dodici mesi dalla data di bilancio. Ciò garantisce che le informazioni sulla sostenibilità siano collegate a quelle finanziarie, facilitando correlazioni e analisi utili ai processi decisionali [15].

---

[14] Direttiva (UE) 2022/2464, paragrafo 4.

[15] M.C. Zaccone, M. Minciullo, M. Pedrini (2022), *La corporate governance e la ge-*

In termini di pubblicità nei confronti di terzi, l'integrazione delle informazioni di sostenibilità nella relazione sulla gestione assume un significato positivo poiché si ritiene che abbiano una rilevanza cruciale per le società che rendicontano [16]. Le aziende devono, inoltre, rispettare l'obbligo di pubblicare in un unico formato di tipo elettronico che consentirà uno sfruttamento più efficiente delle informazioni ma anche un sostenimento di costi inferiori per tutte le parti interessate.

La Direttiva (UE) 2022/2464 introduce nuove responsabilità per garantire l'informazione annuale e consolidata sulla sostenibilità (cfr. paragrafo 4 della Direttiva) [17]. In tal senso, gli organi di gestione e di governance hanno la responsabilità collettiva di garantire che la società abbia pubblicato informazioni sulla sostenibilità in linea con gli standard europei e nel formato digitale richiesto [18]. Pertanto, il *sustainability reporting* dovrebbe includere una descrizione dettagliata del ruolo degli organi amministrativi, di gestione e di vigilanza con riguardo alle tematiche di sostenibilità e una descrizione delle proprie competenze e capacità nell'esercizio del proprio ruolo, ovvero delle opportunità di acquisire nuove o rinnovate competenze o capacità aggiuntive [19].

Al fine di soddisfare le esigenze informative di tutti gli stakeholder, come visto precedentemente, la rendicontazione di sostenibilità deve essere basata sul principio della doppia materialità e sull'approccio concettuale suggerito dall'EFRAG [20]. In termini raffigurativi, tale relazione può essere rappresentata da una struttura tridimensionale (Figura 1).

---

stione della sostenibilità: forme e strumenti, in *La governance della sostenibilità. Esperienze e sfide in atto*, EGEA, Milano, pp. 17-28.

R. FERLITO, R. FARACI (2021), *Sostenibilità e sistemi di Corporate Governance delle società benefit: il caso Illycaffè*, Corporate Governance and Research & Development Studies-Open Access, Vol. 2.

[16] E.B. NICKELL, R.W. ROBERTS (2014), *Commentary: The Public Interest Imperative in Corporate Sustainability Reporting Research*, Accounting and the Public Interest, Vol. 14, No. 1, pp. 79-86.

I. ABEYSEKERA (2022), *A framework for sustainability reporting*, Sustainability Accounting, Management and Policy Journal, Vol. 13, No. 6, pp. 1386-1409.

M. MILONE, S. PETRUZZELLI (2023), *Il nuovo ruolo della relazione sulla gestione: quadro regolamentare attuale e prospettive future in materia di sostenibilità*, FrancoAngeli, Milano.

[17] Direttiva (UE) 2022/2464, Paragrafo 4.

[18] Direttiva (UE) 2022/2464, Considerando 59.

[19] Direttiva (UE) 2022/2464, Considerando 50.

[20] G. GALEONE, *op. cit.*

Figura 1. – *Struttura tridimensionale del* sustainability reporting

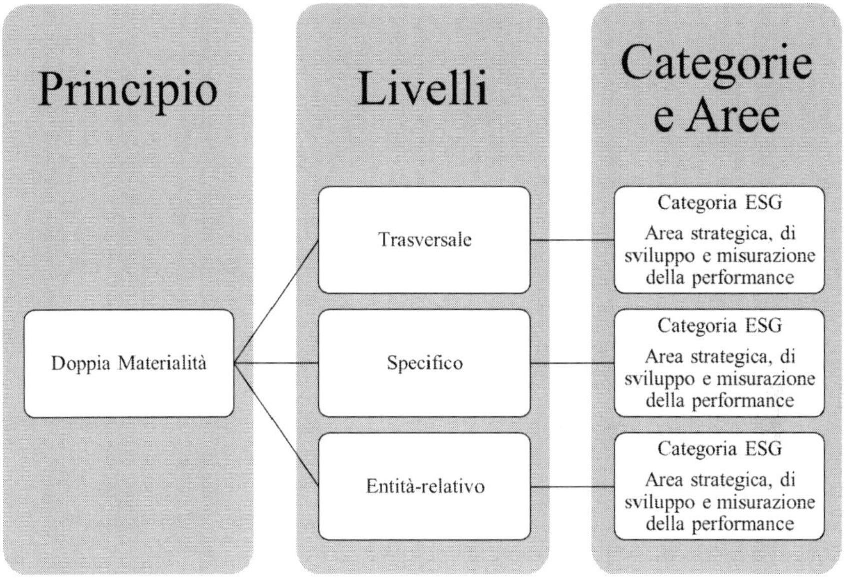

Fonte: rielaborazione personale su dati EFRAG.

Come illustrato in Figura, possono essere rilevati tre distinti livelli:

- livelli informativi: informativa trasversale (testualmente: "agnostica settoriale" [21]), informativa specifica, informativa relativa all'entità aziendale in oggetto;
- categorie legate alla sostenibilità: ambientale, sociale e di governance;
- aree informative: area relativa allo sviluppo delle strategie e delle policy, area relativa all'espansione e area relativa alla misurazione della performance.

Questo approccio anticipa e spiega la sostanza multidimensionale che deve assumere l'informazione all'interno dei sistemi di *reporting* in linea con

---

S. COOPER, G. MICHELON (2022), *Conceptions of materiality in sustainability reporting frameworks: Commonalities, differences and possibilities*, Handbook of accounting and sustainability, pp. 44-66.

S. JØRGENSEN, A. MJØS, L.J.T. PEDERSEN (2022), *Sustainability reporting and approaches to materiality: Tensions and potential resolutions. Sustainability*, Accounting, Management and Policy Journal, Vol. 13, No. 2, pp. 341-361.

[21] Riprendendo testualmente cosa è stato utilizzato negli standard dall'EFRAG, il concetto di "agnostico" ha un significato particolare e contestuale che denota "tutti i settori".

le aspettative dei diversi utenti e in considerazione di una realtà sempre più complessa e dinamica [22].

2.4. *La creazione di valore sostenibile secondo il nuovo quadro regolamentare europeo*

Per quanto concerne l'informativa volontaria o non finanziaria, la Direttiva (UE) 2022/2464 dispone ulteriori obblighi informativi utili al fine di rappresentare la complessa realtà delle imprese che operano in un contesto socialmente e ambientalmente vincolante [23].

Il focus di tale Direttiva può essere approfondito seguendo la logica di due punti di vista: – il perimetro di azione degli enti soggetti a tale obbligazione; – il contenuto delle informazioni (aspetto considerato rilevante dal punto di vista della sostenibilità).

Con "perimetro di azione" s'intende la volontà di delineare chiaramente l'ambito degli obblighi imposti dalla Direttiva (UE) 2022/2464. Tale perimetro è direttamente proporzionale sia alle entità segnalanti e soggette all'obbligo di informativa, sia ai rischi, alle opportunità e ai risultati derivanti dal coinvolgimento di altri stakeholder relativamente alle questioni di sostenibilità. A tal proposito, è necessario sottolineare che la Direttiva (UE) 2022/2464 contiene radicali modifiche al perimetro di rendicontazione rispetto alla Direttiva del 2014 relativa alle informazioni non finanziarie [24].

Volendo chiarire gli obblighi di rendicontazione sulla sostenibilità, questi riguardano:

- Tutte le società, europee ed extraeuropee, quotate in un mercato regolamentato dell'Unione (sia grandi imprese che PMI), ad eccezione delle

---

[22] Cfr. G. Marzo, M. Cordazzo (2020), *L'informativa non finanziaria dopo il D. Lgs. 254/2016: evoluzioni della normativa e implicazioni nelle pratiche aziendali*, FrancoAngeli, Milano.

[23] P. Riva (2023), *Ruoli di Corporate Governance: Adeguati assetti e sostenibilità*, EGEA spa, Milano.

[24] N. Hao, V.D. Dragomir (2023), *Effects and Limitations of the Implementation of the Non-Financial Reporting Directive (2014/95/EU)*, Accounting and Management Information Systems AMIS, Vol. 73.

S. Scarcella Prandstraller (2023), *Capitolo 1-Gli interventi normativi dell'Unione Europea*, in *Manuale di reporting di sostenibilità*, Mc Graw Hill Italia, Milano, pp. 1-15.

microimprese. L'inclusione delle PMI quotate è giustificata, in primo luogo, dalla loro elevata proporzione sul totale delle imprese europee e, in questo caso, sul totale di quelle quotate. Secondo l'ultima relazione della Commissione Europea [25], nel 2021 le PMI (imprese con meno di 250 dipendenti) rappresentavano il 99,8% di tutte le imprese non finanziarie nell'UE-27, hanno impiegato 83 milioni di persone, pari al 64% dell'occupazione totale e hanno generato il 52% del valore aggiunto totale prodotto dal settore delle imprese non finanziarie. Invece, le microimprese (imprese con meno di 10 dipendenti) hanno rappresentato oltre il 90% di tutte le PMI. In sostanza, l'obbligo di divulgare informazioni sulla sostenibilità fornisce alle imprese partecipanti ai mercati finanziari le informazioni necessarie per migliorare il loro approccio alla sostenibilità, aprendo, al contempo, nuove strade per l'accesso ai finanziamenti per le PMI interessate.

- Tutte le grandi aziende, indipendentemente dal fatto che siano quotate o meno su un mercato regolamentato europeo, dato il loro significativo impatto sui fattori di sostenibilità sia in modo diretto che lungo le filiere. Secondo recenti studi, solo il 20% delle grandi imprese applica attualmente gli standard di sostenibilità e solo il 30% di esse richiede una qualche forma di garanzia di audit [26]. Questo cambiamento porterà ad un importante ampliamento del perimetro di applicazione del *sustainability reporting*.
- Enti creditizi, imprese di investimento e di assicurazione, comprese le cooperative e le mutue che soddisfano determinati criteri dimensionali, dato il loro ruolo chiave nella transizione verso un sistema economico e finanziario pienamente sostenibile ed inclusivo.
- Imprese di Paesi terzi che svolgono differenti attività all'interno dell'Unione e che ne abbiano anche una filiale. Tale obbligo rende le imprese dei Paesi terzi responsabili del loro impatto sull'uomo e sull'ambiente, garantendo, al tempo stesso, condizioni di parità per le imprese che operano nel mercato interno.

---

[25] COMMISSIONE EUROPEA (2022), *Relazione annuale sulle PMI europee 2021/2022. PMI e sostenibilità ambientale. Revisione delle prestazioni delle PMI 2021/2022.*

[26] G. LANDI (2020), *Sostenibilità e rischio d'impresa. Evidenze e criticità dei Rating ESG*, Cedam, Milano.

M. FASAN (2017), *Lo stato dell'arte del corporate reporting: Integrated Reporting*, in *L'azienda sostenibile*, Vol. 17.

La rinnovata prospettiva sulla creazione di valore annoverata nella recente regolamentazione, ha fatto sì che il passaggio dalle informazioni non finanziarie a quelle di sostenibilità assumesse la forma amministrativa della sostituzione della dichiarazione non finanziaria richiesta dalla Direttiva (UE) 95/2014 con la rendicontazione di sostenibilità richiesta dalla Direttiva (UE) 2022/2464.

Le scadenze per la pubblicazione del primo bilancio di sostenibilità differiscono a seconda delle categorie di entità e della loro provenienza [27]. Secondo l'ultima Direttiva del 2022, l'elenco delle "questioni di sostenibilità" [28] su cui le imprese sono tenute a fornire informazioni dovrebbe essere correlato alla definizione di "fattori di sostenibilità" [29]. Tale correlazione è richiesta non solo per evitare eventuali incoerenze tra le informazioni richieste dagli utenti e le informazioni pubblicate dalle imprese, ma anche per rispondere alle esigenze e alle aspettative degli utenti e delle aziende.

Pertanto, le informazioni che le imprese devono pubblicare riflettono l'interazione tra l'azienda, da un lato, e gli impatti, i rischi e le opportunità legati allo sviluppo sostenibile, dall'altro. Nell'insieme devono consentire di comprendere l'impatto delle attività d'impresa sulle questioni di sostenibilità e il modo in cui influenzano lo sviluppo, le prestazioni e la posizione della stessa, oltre a quanto già riflesso nel bilancio.

Al fine di definire i requisiti informativi sulla sostenibilità, gli argomenti da pubblicare sono suddivisi in sotto-argomenti e, ove necessario, sotto-classificati ancora una volta, conducendo, passo dopo passo, ad un insieme

---

[27] Nello specifico, le scadenze previste dalla Direttiva (UE) 2022/2464, all'art. 5, sono:
- 2025 per l'esercizio che inizia il 1° gennaio 2024 per le imprese già soggette alla Direttiva (UE) 2014/95;
- 2026 per l'esercizio che inizia il 1° gennaio 2025, per le grandi imprese attualmente non soggette alla Direttiva (UE) 2014/95;
- 2027 per l'esercizio che inizia il 1° gennaio 2026, per le PMI quotate, con possibilità di proroga fino al 2029;
- 2029, per l'esercizio che termina il 1° gennaio 2028, per le imprese di paesi terzi con un fatturato netto superiore a 150 milioni di euro nell'UE.

[28] Le cosiddette "questioni di sostenibilità" si riferiscono a fattori ambientali, sociali e di governance e includono anche la definizione del concetto "fattori di sostenibilità" così come definito al punto (24) dell'art. 2 del Regolamento (UE) 2019/2088 (per un maggiore approfondimento, si veda: Direttiva (UE) 2022/2464, Considerando 28).

[29] Con tale accezione si fa riferimento ai fattori ambientali, sociali, legati al lavoro, al rispetto dei diritti umani, alla lotta alla corruzione e alla concussione (per un maggiore approfondimento, si veda: Regolamento (UE) 2019/2088, art. 2, comma 24).

coerente di informazioni, seguendo la logica mostrata nella Figura 1.

In sostanza, esistono differenti requisiti da inserire all'interno del *sustainability reporting* richiesti dalle due principali Direttive: la 2014/95 e la più recente 2022/2464.

Tra le differenze più significative delle due Direttive, è da annoverare che, in conformità al principio della doppia materialità, le informazioni da rendicontare ai sensi della Direttiva (UE) 2022/2464 riguardano non solo l'impatto delle attività dell'impresa in materia di sostenibilità, ma anche tutte quelle questioni relative alla sostenibilità che influiscono sullo sviluppo, sui risultati e sulla posizione dell'impresa [30].

La recente Direttiva richiede che vengano fornite informazioni non solo sul modello di business, ma anche sulla strategia di sostenibilità adottata dall'azienda. Alla luce delle nuove indicazioni, l'approccio classico di sviluppo di una strategia aziendale deve essere rivisto, poiché le aziende sono costrette ad integrare nuove variabili che esprimano le opportunità date dai fattori di sostenibilità e rischi associati, dalla resilienza del loro modello di business e a rendere pubblici gli argomenti a sostegno delle scelte strategiche. Le aziende devono, inoltre, riferire come poter integrare le considerazioni sulla sostenibilità nei piani aziendali, sia operativi che finanziari.

Un altro aspetto innovativo riguarda l'obbligo di informazione relativo alla modalità di inclusione delle risorse immateriali essenziali nelle opzioni strategiche, al di là di quanto riportato in bilancio, nonché sul livello di dipendenza da questa tipologia di risorse: intellettuali, di ricerca e sviluppo, umane e sociali.

Una prerogativa essenziale è che la formulazione degli obiettivi legati alle questioni di sostenibilità non deve dimenticare di soddisfare i requisiti classici della dottrina manageriale in termini di misurabilità e scadenze per il raggiungimento [31]. A ciò si aggiungono ulteriori requisiti, poiché gli obiettivi non solo devono essere in linea con gli impegni ambientali presi a livello europeo [32], ma devono anche tener presente gli obiettivi assunti dalle istituzioni europee e dalla comunità internazionale nell'ambito dell'Agenda 2030.

Una novità introdotta dalla recente Direttiva e che dovrebbe aumentare il

---

[30] M. Letizi (2023), *La rendicontazione societaria di sostenibilità*, Direttiva 2022/2464/UE del 14 dicembre 2022. Corporate Sustainability Reporting Directive, Il Sole 24 Ore, Milano.

[31] L. Marchi (2020), *Dalla crisi allo sviluppo sostenibile: il ruolo dei sistemi di misurazione e controllo*, Management Control, Vol. 3, pp. 5-16.

[32] COM (2019) 640 final: il Green Deal europeo; Regolamento sulla tassonomia, art. 9.

grado di rilevanza di tali obiettivi, ma anche la responsabilità delle imprese, riguarda l'obbligo di rendicontare le informazioni di sostenibilità basandole su evidenze scientifiche. Le imprese sono, pertanto, obbligate a fornire una dichiarazione che indichi se gli obiettivi relativi ai fattori ambientali si basano effettivamente su evidenze empiriche validate in studi scientifici [33].

Le informazioni sul modello di business e sulla strategia aziendale dovrebbero includere anche elementi relativi alla qualità del rapporto tra l'azienda e gli stakeholders, inclusi clienti, fornitori e comunità interessate alle attività, e su come gli stessi vengono coinvolti nello sviluppo e nell'attuazione della strategia. Integrare il rischio [34] nella strategia d'impresa è buona prassi poiché consente di acquisire nuove dimensioni nel contesto dello sviluppo sostenibile [35]. L'azienda deve, pertanto, tenere conto e fornire informazioni su:

- i propri rischi finanziari derivanti da questioni di sostenibilità;
- rischi e impatti derivanti dalle attività d'impresa (impatti direttamente causati dall'impresa, impatti ai quali l'impresa contribuisce e impatti altrimenti legati alla catena di generazione del valore);
- modalità di resilienza dell'impresa verso i rischi legati alla sostenibilità.

Nello specifico, l'azienda deve essere capace di fornire informazioni sull'attuazione della strategia di sostenibilità, sui piani d'azione, sulle azioni concrete intraprese e sugli investimenti finanziari. Tali informazioni dovrebbero riguardare anche la *due diligence* sulla sostenibilità intesa come quel "*processo che le imprese svolgono per identificare, monitorare, prevenire, mitigare, porre rimedio o porre fine ai principali impatti negativi effettivi e/o potenziali connessi alle loro attività e, conseguentemente, identificare il modo in cui le imprese possano affrontare tali impatti negativi*" [36].

La *due diligence* per lo sviluppo sostenibile è una pratica continua che risponde ai cambiamenti della strategia aziendale, del modello di business, delle operazioni, delle condizioni di approvvigionamento e di vendita.

---

[33] S. MARASCA (2018), *Misurazione della performance e strumenti di controllo strategico*, Società Editrice Esculapio, Bologna.

A. GASPERINI, S. ZAMBON (2017), *Confronto a due sulle non financial information*, in *Impresa Progetto*, Vol. 1, pp. 1-10.

[34] In base alle linee guida sulla gestione del rischio ISO 31000, il "rischio" è identificato come "l'effetto dell'incertezza sugli obiettivi".

[35] A. CORVINO (2012), *Informativa di sostenibilità e performance. Profili teorici ed evidenze empiriche nella comunicazione d'azienda "dovuta"*, Rirea, Roma.

[36] Direttiva (UE) 2022/2464, Considerando 31.

In linea con il principio di gestione, "ciò che non può essere misurato non può essere controllato" e con le disposizioni europee in materia di sostenibilità (in particolare il Regolamento sulla Tassonomia), la Direttiva (UE) 2022/2464 presta particolare attenzione alla misurabilità degli obiettivi, ai progressi compiuti e ai risultati conseguiti. Tali documenti contengono criteri tecnici precisi e scientificamente provati per classificare le attività delle imprese in termini di sostenibilità, nonché metodologie per misurare e valutare le loro performance ambientali [37].

Ad esempio, per misurare la sostenibilità ambientale, le imprese devono divulgare i seguenti indicatori:

- la percentuale del loro fatturato/vendite derivante da prodotti o servizi legati ad attività economiche che possono essere considerate ambientalmente sostenibili (...);
- la parte delle spese in conto capitale e la parte delle spese operative legate ad asset o processi associati ad attività economiche che possono essere considerate ambientalmente sostenibili (...) [38].

La fornitura di queste informazioni insieme alla garanzia di correttezza e veridicità fornita dai revisori dei conti, rappresenta "un'assicurazione di compatibilità" della strategia, del modello di business e delle attività complessive dell'impresa con i requisiti della transizione verso un'economia più sostenibile.

2.5. *L'*auditing *a garanzia dell'informativa di sostenibilità*

La Direttiva (UE) 2022/2464 relativa al *sustainability reporting* aziendale modifica anche il Regolamento (UE) 537/2014 relativo alla revisione legale dei conti degli enti di interesse pubblico [39] e la Direttiva 2006/43/CE sulla revisione legale dei conti annuali e consolidati [40]. Un cambiamento impor-

---

[37] M. ZIFARO (2023), *Change management: dalle funzioni ai processi*, Pisa University Press, Pisa.

[38] Direttiva (UE) 2022/2464.

[39] Regolamento (UE) 537/2014 del Parlamento Europeo e del Consiglio sui requisiti specifici in materia di revisione legale dei conti di enti di interesse pubblico e che abroga la decisione 2005/909 della Commissione Europea.

[40] Direttiva 2006/43/CE del Parlamento Europeo e del Consiglio relativa alla revisione

tante riguarda l'obbligo dei revisori di garantire che le informazioni sulla sostenibilità siano credibili e quindi performanti.

La modifica del titolo della sezione ottava della Direttiva contabile da "*Audit*" a "*Audit e garanzia dell'informativa di sostenibilità*" è significativa. L'esperienza maturata a partire dal 1978, anno della pubblicazione della prima Direttiva sulla revisione legale dei conti, è stata pienamente utilizzata per affrontare la revisione legale in termini di sostenibilità. Questa innovazione ha comportato e comporta tuttora nuove responsabilità e opportunità per l'auditing e le più significative vengono riportate di seguito.

In linea con i requisiti della Direttiva (UE) 2022/2464, i revisori legali e le società di revisione contabile (abilitate a esercitare la revisione legale dei conti) oltre ai loro compiti tradizionali [41], hanno il nuovo compito di certificare il *sustainability reporting* annuale e consolidato. Relativamente alle informazioni sulla sostenibilità, essi devono esprimere un parere sulla conformità ai requisiti richiesti dall'Unione Europea [42].

Si tratta, dunque, di esprimere un parere riguardante:

- la conformità delle informazioni sulla sostenibilità ai requisiti della presente Direttiva;
- la conformità del *sustainability reporting* agli standard comunitari in materia di rendicontazione di sostenibilità;
- il processo svolto dall'impresa per identificare le informazioni rendicontate secondo gli standard di informativa sulla sostenibilità;
- il rispetto dell'obbligo di contrassegnare le informazioni sulla sostenibilità secondo il formato informativo elettronico;
- il rispetto degli obblighi informativi previsti dall'art. 8 del Regolamento sulla Tassonomia [43].

---

legale dei conti annuali e dei conti consolidati e che modifica le Direttive 78/660/CEE e 83/349/CEE del Consiglio e abroga la Direttiva 84/253/CEE del Consiglio CEE.

[41] Ai sensi dell'art. 34 della Direttiva contabile, il revisore legale o la società di revisione contabile esprime un giudizio su: (i) la coerenza della relazione sulla gestione con il bilancio; (ii) la modalità di redazione della relazione sulla gestione in conformità alle disposizioni di legge applicabili.

[42] Direttiva (UE) 2022/2464, Considerando 60 e art. 3.

[43] Qualsiasi impresa soggetta all'obbligo di pubblicare informazioni di carattere non finanziario ai sensi dell'art. 19 bis o dell'art. 29 bis della Direttiva 2013/34/UE deve includere nella sua dichiarazione di carattere non finanziario o nella dichiarazione consolidata di carattere non finanziario, informazioni su come e in che misura le attività dell'impresa sono connesse ad attività economiche qualificabili come ecosostenibili ai sensi degli artt. 3 e 9 del presente Regolamento.

Inoltre, in relazione al *sustainability reporting*, il revisore è tenuto ad esprimere il proprio giudizio in un incarico di "*limited assurance*"[44]. In tali incarichi, la conclusione è solitamente espressa in forma negativa in base alla quale il professionista informa di non aver individuato alcun problema che lo porti a concludere che l'oggetto sottoposto ad audit sia stato sostanzialmente errato. In un incarico simile, il revisore svolge meno controlli rispetto ad un incarico di "*reasonable assurance*".

La quantità di lavoro per l'audit in un incarico di "*limited assurance*" è pertanto inferiore rispetto a quella per un incarico di "*reasonable assurance*"[45]. Tale parere può essere rilasciato da un revisore legale o da una società di revisione diversa dal revisore che effettua la revisione legale dei bilanci.

Il legislatore, inoltre, prevede un aumento graduale del livello di *assurance* passando da un grado limitato ad uno ragionevole. Questa prudenza è dovuta, almeno in parte, all'assenza, in questo momento storico, di una serie ben definita di standard di garanzia della sostenibilità, siano essi dell'International Federation of Accountants (IFAC), dell'International Sustainability Standards Board (ISSB) o dell'EFRAG. In pratica, il passaggio a un impegno di *reasonable assurance* sulla conformità del *sustainability reporting* con i requisiti dell'UE sarà possibile solamente quando la Commissione Europea adotterà in modo uniforme gli standard di garanzia per la rendicontazione di sostenibilità mediante atti delegati entro il 1° ottobre 2028[46].

In conclusione, il revisore deve esprimere il suo giudizio sulle informazioni prodotte e presentate in conformità a quanto predisposto dagli standard europei. Queste informazioni sono, in generale, di grande complessità e riflettono che il *sustainability reporting* non è un documento per così dire, "promozionale", di *greenwashing* o di mera comunicazione aziendale, ma è un documento tecnico redatto secondo regole e norme tecniche ben definite e vincolanti.

---

[44] Come affermato nella Direttiva (UE) 2022/2464 al Considerando 60, "la professione assicurativa distingue tra incarichi di assicurazione limitata e incarichi di assicurazione ragionevole".

[45] Direttiva (UE) 2022/2464, Considerando 60.

[46] *Ibidem*.

2.6. European Sustainability Reporting Standards *(ESRS): i nuovi principi atti a uniformare l'informativa nel* sustainability reporting

La *Corporate Sustainability Reporting Directive* stabilisce le informazioni sulla sostenibilità che le aziende devono includere nel *sustainability reporting.* Le aziende dovranno fornire informazioni di tipo qualitativo, quantitativo, prospettivo e retrospettivo, che coprono orizzonti temporali di breve, medio e lungo termine e che concernono anche la catena del valore.

Le aziende che rientrano nell'ambito di applicazione della CSRD dovranno, quindi, rendicontare le informazioni sulla sostenibilità utilizzando gli *European Sustainability Reporting Standards* (ESRS). Per rispondere pienamente alle nuove disposizioni, le aziende devono considerare in che modo l'implementazione dei nuovi requisiti di *reporting* si possa estendere oltre l'esercizio di semplice conformità in modo da far concentrare le aziende sulla propria strategia, sulla governance, sulle operazioni da implementare e sull'analisi dei dati. In particolare, le aziende interessate dovranno:

- Sviluppare percorsi di decarbonizzazione e piani di transizione, condurre analisi di scenario e calcolare l'impronta di carbonio.
- Allineare il *sustainability reporting* con la strategia aziendale, garantire che gli obiettivi siano credibili e che i progressi compiuti siano effettivamente comunicati al pubblico esterno.
- Progettare ed implementare rinnovati processi di gestione del rischio e una più definita struttura di governance.
- Istituire processi di *due diligence* e identificare e mitigare i rischi nelle loro catene di fornitura.

Le azioni qui indicate e da sviluppare, evidenziano quali sono le aree prioritarie per la trasformazione sostenibile della strategia aziendale e forniscono, inoltre, una panoramica dei requisiti CSRD ed ESRS insieme alle relative tempistiche di rendicontazione.

Come noto, le società che rientrano nell'ambito di applicazione della CSRD dovranno segnalare le informazioni sulla sostenibilità utilizzando l'ESRS sviluppato dall'EFRAG su richiesta della Commissione europea. L'EFRAG ha predisposto tre categorie di norme che si completano e interagiscono tra loro:

- Standard trasversali: comprendono i requisiti generali che le aziende devono rispettare quando preparano e presentano informazioni relative alla

sostenibilità e informative generali applicabili a tutte le aziende indipendentemente dal settore in cui operano e in tutti i temi della sostenibilità.
- Standard topici: comprendono argomenti specifici di sostenibilità e forniscono requisiti di informativa relativi all'impatto, ai rischi e alle opportunità della sostenibilità da una prospettiva indipendente dal settore.
- Standard settoriali: comprendono requisiti di informativa relativi all'impatto, ai rischi e alle opportunità sulla sostenibilità che sono materiali per tutte le aziende che operano in un determinato settore [47].

Lo scorso 31 luglio 2023 la Commissione ha adottato l'Atto Delegato (DA) sulla prima serie di standard indipendenti che comprende due standard trasversali e dieci standard topici (Figura 2). Ad eccezione degli obblighi di informativa ai sensi dell'ESRS 2 sull'informativa generale, l'applicazione di tutti gli obblighi di informativa sarà soggetta all'esito delle valutazioni di materialità [48].

Figura 2. – *Presentazione degli standard ESRS trasversali e topici*

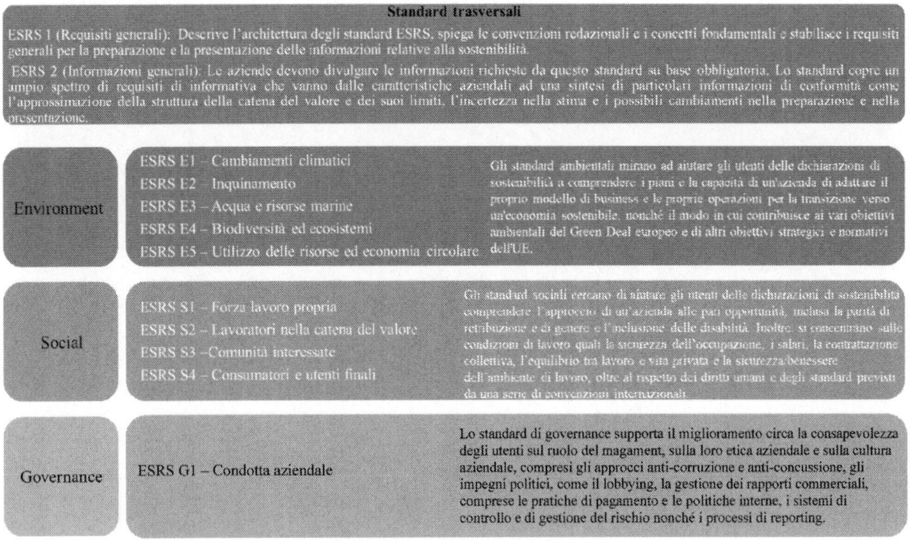

Fonte: rielaborazione personale su dati EFRAG.

---

[47] Da notare è che tali standard sono ancora in via di sviluppo da parte dell'EFRAG.

[48] Per un ulteriore approfondimento del principio della doppia materialità, si veda il paragrafo 1.4.1.

La DA adottata è stata progettata per garantire un ampio allineamento con altri standard internazionali di reporting sulla sostenibilità come gli standard di sostenibilità dell'International Sustainability Standards Board (ISSB). Difatti, la DA segue la stessa struttura dell'ISSB, ovvero identificazione dell'area "Governance", area "Strategia", area "Gestione del rischio" e area "Metriche"[49].

Il DA adottato dalla Commissione è stato formalmente trasmesso al Parlamento Europeo ed al Consiglio Europeo per una sua completa valutazione. Il periodo di controllo durerà due mesi, prorogabili per altri due. Il Parlamento o il Consiglio possono respingere l'Atto Delegato solo nel suo complesso, non potendolo modificare. Se durante questo periodo di controllo non ci sono commenti, l'Atto dell'ESRS entrerà in vigore solo dopo la sua pubblicazione nella Gazzetta ufficiale dell'Unione Europea.

Recenti valutazioni attendono che tale atto entri in vigore a partire dal 1° gennaio 2024. Le aziende (a seconda delle loro dimensioni) saranno quindi in grado di rendicontare le proprie informazioni sulla sostenibilità seguendo i requisiti CSRD, sulla base del DA per gli ESRS, a partire da gennaio 2025.

Ad ogni modo, è da sottolineare che i feedback ricevuti hanno portato la Commissione ad apportare diverse modifiche sostanziali alle prime bozze dell'EFRAG risalenti a novembre 2022. Tali modifiche mirano a facilitare l'attuazione e ad estendere i tempi di preparazione per la rendicontazione, introducendo gradualmente alcuni obblighi di informativa ("*Disclosure Requirements*") anche per le aziende più piccole e per i nuovi reporter. Inoltre, sono stati inclusi ulteriori aggiornamenti per migliorare l'interoperabilità con gli standard dell'ISSB.

I principali cambiamenti che la Commissione ha introdotto riguardano:

- La maggior parte degli obblighi di informativa diventano soggetti alla valutazione della materialità[50]: ad eccezione degli obblighi di informativa e dei *datapoint* nell'ambito dell'ESRS 2, l'applicazione di tutti gli obblighi di informativa sarà soggetta all'esito delle valutazioni della materialità.
  I parametri elencati negli standard topici dell'ESRS come biodiversità ed ecosistemi (ESRS E4), e uso delle risorse ed economia circolare (ESRS E5), sono ora soggetti all'esito delle valutazioni di materialità. Laddove

---

[49] I. Ali, P.T. Fukofuka, A.K. Narayan (2023), *Critical reflections on sustainability reporting standard setting*, Sustainability Accounting, Management and Policy Journal.

[50] M. Lacchini, G. Zanda, T. Onesti (2013), *La valutazione delle aziende*, Giappichelli, Torino.

un argomento di sostenibilità coperto integralmente da uno standard è considerato non materiale, e quindi tutti gli obblighi di informativa dello standard attuale non sono ritenuti materiali, un'azienda non è più tenuta a fornire una spiegazione del motivo per cui quello standard non è materiale (ad eccezione dell'E1 relativo al cambiamento climatico). Laddove, inoltre, il cambiamento climatico sia stato ritenuto non materiale e come tale non è divulgata alcuna informazione nell'ESRS E1, le aziende devono fornire una spiegazione dettagliata circa la loro analisi di materialità in relazione al cambiamento climatico ed un'analisi prospettica delle condizioni che potrebbero portare un'azienda a concludere che il cambiamento climatico sarà rilevante in futuro.
La revisione dell'applicabilità degli obblighi di informativa avrà un impatto anche sul settore contabile poiché gli ESRS sono collegati ad altri obblighi di rendicontazione, come ad esempio il Regolamento sui benchmark, l'informativa del terzo pilastro ed il Regolamento sull'informativa sulla finanza sostenibile (SFDR) [51]. Nello specifico, poiché gli indicatori SFDR inclusi nell'ESRS sono attualmente soggetti alla valutazione di materialità, in alcuni casi potrebbero essere considerati "non materiali per l'impresa" dal punto di vista dell'ESRS, causando potenziali lacune nei dati per coloro che si preparano a soddisfare i requisiti di rendicontazione obbligatori ai sensi della SFDR.
Pertanto, al fine di supportare gli operatori del settore finanziario a orientarsi nella disponibilità dei *datapoint* derivati da tali regolamenti, la Commissione ha introdotto un ulteriore obbligo di divulgazione per le aziende: dichiarare quali *datapoint* inclusi nell'appendice B [52] dell'ESRS 2 sono stati divulgati. Le aziende dovranno pubblicare una tabella di tutti i dati nell'appendice B dell'ESRS 2, specificando dove sono inclusi nel *sustainability reporting* o in alternativa dichiarando che il *datapoint* è stato omesso perché ritenuto non materiale.
A tal riguardo, la Commissione ha dichiarato che fornirà ulteriori chiarimenti in merito all'approccio da adottare qualora un dato derivante da tale normativa sia stato ritenuto non rilevante.

---

[51] G. GALEONE (2023), *op. cit.*
G. RUSCONI (2021), *Dai bilanci sociali alla dichiarazione non finanziaria: Alcune riflessioni*, Impresa Progetto-Electronic Journal of Management, Vol. 1.

[52] Tale appendice elenca i requisiti di informazione di altri regolamenti europei come la SFDR.

- Misure adottate per semplificare i requisiti di *reporting*: alcuni obblighi di informativa verranno applicati in modo graduale a seconda delle dimensioni dell'azienda, mentre altri da "obbligatori" diventeranno "volontari".
  La Commissione ha apportato tali modifiche principalmente per supportare le piccole e medie imprese e per i nuovi reporter. Sono state concesse misure transitorie specifiche per le aziende con meno di 750 dipendenti, inclusa l'informativa per il primo anno sulle emissioni di gas serra di ambito 3 e sulla forza lavoro (ESRS S1), per i primi 2 anni, la rendicontazione circa la biodiversità (ESRS E4), la catena di valore dei lavoratori (ESRS S2), le comunità interessate (ESRS S3), i consumatori e gli utenti finali (ESRS S4). Per tutte le aziende, ora esiste anche la possibilità di riferire solo dopo il primo anno su determinati argomenti, inclusi alcuni obblighi di informativa relativi alla propria forza lavoro (ESRS S1) e le conseguenze finanziarie relative a questioni ambientali non climatiche.
  Inoltre, nella versione iniziale predisposta dall'EFRAG, se un'azienda avesse avuto più di 50 dipendenti in un determinato Paese, sarebbe stata tenuta a rendicontare gli indicatori sociali (organico e contrattazione collettiva) per Paese. Attualmente, questa soglia è stata modificata. Le aziende dovranno fornire informazioni a livello nazionale sugli obblighi di informativa sostanziali nel rispetto degli standard sociali solo se impiegano 50 o più dipendenti che rappresentano almeno il 10% del totale dei dipendenti dell'impresa.
  La Commissione ha inoltre modificato alcuni obblighi informativi rendendoli volontari per tutti i reporter. Ad esempio, i piani di transizione alla biodiversità nell'ambito dell'ESRS E4 e alcuni indicatori sulla propria forza lavoro nell'ambito dell'ESRS S1, possono ora essere divulgati su base volontaria.
- Interoperabilità: la Commissione ha apportato modifiche all'ESRS per garantire che fornisca un elevato grado di interoperabilità con gli standard IFRS sull'informativa sulla sostenibilità S1 (requisiti generali per la divulgazione di informazioni finanziarie legate alla sostenibilità) e S2 (informativa relativa al clima) sviluppati dallo ISSB. Ad esempio, la Commissione ha modificato la definizione di rilevanza finanziaria per allinearla all'IFRS S1.
  La prima versione dell'ESRS 1 considerava gli stakeholders in modo più ampio e come tale includeva coloro che andavano oltre gli "utenti primari" dei report finanziari. Il recente aggiornamento ha previsto quanto se-

gue: "*la valutazione della materialità finanziaria corrisponde alle informazioni considerate materiali per gli utenti primari dei report finanziari nel prendere decisioni relative alla fornitura di risorse all'entità aziendale*". Le modifiche, salvo nuove obiezioni, sono state apportate con l'obiettivo di garantire che la rendicontazione ai sensi dell'ESRS non si traduca in un conflitto o crei un doppio onere di rendicontazione per le società se desiderano conformarsi anche agli IFRS S1 e S2.

Oltre alle tre sostanziali modifiche sopra evidenziate, la Commissione ne ha apportate anche altre al fine di facilitare l'attuazione dell'ESRS. Ad esempio, il testo è passato dalla rendicontazione sugli impatti finanziari, sui rischi e sulle opportunità "potenziali" alla rendicontazione sugli impatti finanziari, sui rischi e sulle opportunità "previsti". Inoltre, sono state apportate alcune revisioni per garantire una migliore coerenza con il quadro giuridico dell'UE in modo che le informazioni richieste non violino il diritto di non autoincriminarsi.

Capitolo Terzo

Le procedure implementate dalla governance *per lo sviluppo della sostenibilità nell'azienda sanitaria*

3.1. *Premessa*

Quotidianamente, le aziende sanitarie si trovano ad affrontare sfide complesse principalmente a causa della modifica dell'ecosistema che li circonda, compresi i cambiamenti economici, demografici e tecnologici [1]. La continua domanda sanitaria si riflette nel crescente sviluppo di servizi e tecnologie in ambito sanitario ma a ciò, parimenti, non si affianca una crescita di risorse finanziarie stanziate per le aziende di questo settore [2].

Questi cambiamenti, afferendo al complesso ecosistema delle aziende sa-

---

[1] WORLD HEALTH ORGANISATION (2016), *Global observatory for eHealth. Global diffusion of eHealth: making universal health coverage achievable*, World Health Organisation, Geneva.

WORLD HEALTH ORGANISATION (2017), *Universal health coverage*, Retrieved June 2022.

[2] M. ROMANELLI (2017), *Towards sustainable health care organizations*, Management Dynamics in the Knowledge Economy, Vol. 5, No. 3, pp. 377-394.

nitarie, creano un ambiente turbolento ma, allo stesso tempo, stimolante e competitivo con cui le aziende e i loro manager devono confrontarsi per sopravvivere [3].

Il divario tra la crescente spesa sanitaria e i finanziamenti limitati per le aziende sanitarie è senza dubbio uno dei problemi più impegnativi che l'assistenza sanitaria deve oggi affrontare e che ne minaccia la sostenibilità futura. Inoltre, la distanza in costante aumento tra la domanda stimolata dallo sviluppo di nuovi bisogni di salute ed i vincoli di bilancio deve essere colmata e, conseguentemente, le aziende sanitarie devono adattarsi per sopravvivere. È il complesso di tali esigenze che ha definitivamente spinto le aziende sanitarie a modificare il loro comportamento gestionale, organizzativo ed economico [4].

Le aziende sanitarie sono da sempre impegnate ad individuare soluzioni organizzative e gestionali sostenibili che consentano loro di rispondere con successo alle pressioni a cui sono costantemente sottoposte [5]. La passata emergenza sanitaria, legata alla diffusione della pandemia da Covid-19, ha significativamente accresciuto la pressione su diverse realtà sanitarie e, in particolare, su alcune aziende sanitarie, come gli ospedali, affinché potessero riorganizzare sostanzialmente le proprie attività ed i propri servizi [6]. Considerata la complessità delle attività che caratterizzano le aziende sanitarie e l'attuale scenario in profondo cambiamento, è fondamentale reimpostare i processi strategici e di governance aziendale al fine di rispondere efficacemente a queste pressioni e generare un impatto positivo sulla performance delle aziende sanitarie mirando alla produzione di reporting non finanziari utili e significativi [7].

---

[3] P.M. GINTER (2018), *The strategic management of health care organizations*, John Wiley & Sons, New Jersey, USA.

[4] M.M. PARAST, D. GOLMOHAMMADI (2019), *Quality management in healthcare organizations: Empirical evidence from the baldrige data*, International Journal of Production Economics, Vol. 216, pp. 133-144; J.W. BEGUN, M. THYGESON (2015), *Managing complex healthcare organizations*, Handbook of healthcare management, Northampton: Edward Elgar, pp. 1-17.

[5] O.A. ALJABERI, M. HUSSAIN, P.R. DRAKE (2017), *A framework for measuring sustainability in healthcare systems*, International journal of healthcare management.

[6] S. WALSTON, A.F. CHOU (2011), *CEO perceptions of organizational consensus and its impact on hospital restructuring outcomes*, Journal of Health Organization and Management, Vol. 25, No. 2, pp. 176-194.

A. ZANGRANDI, S. FANELLI, C.C. DONELLI, M. ELEFANTI (2020), *Crisis management: la gestione di un ospedale durante una pandemia*, EGEA, Milano.

[7] A. ZANGRANDI, S. FANELLI, C.C. DONELLI, M. ELEFANTI, *op. cit.*

La pandemia ha, inoltre, accelerato i processi di cambiamento in tutto il mondo, soprattutto in campo medico, a causa della necessità di fornire servizi sanitari di alta qualità in condizioni di stress, mancanza di familiarità con la malattia, sovraccarico di pazienti nelle aziende sanitarie ed una generica carenza di personale. Allo stesso tempo, le aziende sanitarie private hanno sperimentato una sostanziale diminuzione del flusso di cassa causata da un drastico calo della fornitura di altri servizi ai pazienti e da una riduzione del numero di interventi chirurgici elettivi [8]. Questi fattori hanno contribuito allo sviluppo dei servizi di telemedicina applicando le tecnologie dell'informazione e della comunicazione (c.d. ICT) ai servizi sanitari. È, inoltre, diffuso come, ad oggi, le ICT suscitano grande interesse tra i manager sanitari che puntano ad un utilizzo costante di nuove e rinnovate modalità di erogazione dei servizi sanitari [9].

In generale, l'attuale contesto di profonda instabilità che caratterizza attualmente i sistemi economici, sociali e anche sanitari ha gravemente danneggiato la reputazione delle aziende e la loro struttura, costringendole a produrre una varietà immediata di soluzioni mediche, gestionali e finanziarie per affrontare i danni causati dalla crisi [10].

Nell'Agenda 2030, tra i 17 obiettivi di sviluppo sostenibile, l'obiettivo n. 3, "*good health and well-being*", mira a migliorare la visione unitaria del sistema sanitario incorporando un approccio di business integrato e sostenibile nelle aziende sanitarie. L'erogazione dei servizi sanitari locali, l'implementazione di tecnologie per aumentare la sostenibilità delle filiere sanitarie re-

---

[8] L.C. GAPENSKI, G.H. PINK (2015), *Understanding healthcare financial management*, Health Administration Press, Chicago, USA; J.R. LANGABEER, J. HELTON (2016), *Health Care Operations Management: A Systems Perspective*, Jones & Bartlett Publishers, Massachusetts, USA.

F. PONSIGNON, A. SMART, L. PHILLIPS (2018), *A customer journey perspective on service delivery system design: insights from healthcare*, International Journal of Quality & Reliability Management, Vol. 35, No. 10, pp. 2328-2347.

[9] F.P. SALVATORE, S. FANELLI (2021a), *Indicators and criteria for efficiency and quality in public hospitals: A performance evaluation model*, Global Business and Economics Review, Vol. 25, No. 3/4, pp. 212-230.

[10] R. RON, R. WEISS (2020), *The ramifications of reducing elective activity in hospitals during the Coronavirus crisis: Insights and conclusions*, Harefua, Vol. 159, No. 7, pp. 475-476.

R. FILIP, R. GHEORGHITA PUSCASELU, L. ANCHIDIN-NOROCEL, M. DIMIAN, W.K. SAVAGE (2022), *Global challenges to public health care systems during the COVID-19 pandemic: a review of pandemic measures and problems*, Journal of Personalized Medicine, Vol. 12, No. 8, p. 1295.

gionali facilitando la transizione verso un'economia circolare, una più marcata propensione all'interconnessione con le altre filiere sanitarie e l'adattamento in termini di *accountability* ai nuovi e rinnovati sistemi contabili, rappresentano le principali sfide con cui oggi il top management delle aziende sanitarie deve confrontarsi per far fronte alle nuove richieste europee [11].

Tali sfide, insieme al rinnovamento tecnologico derivante dalla quarta rivoluzione industriale, devono rendere le aziende sanitarie e i loro stakeholder pronti ad affrontare e implementare nuovi cambiamenti nelle loro strutture organizzative [12]. Gruchmann *et al.* (2019) affermano che l'individuo può essere indifferente alle pratiche commerciali sostenibili quando queste non vengono adeguatamente comunicate. A questo proposito, per rimuovere l'asimmetria informativa, la *Corporate Social Responsibility* (CSR) può essere di supporto [13].

La CSR, infatti, può fungere da connettore tra gli obiettivi aziendali di responsabilità sociale e l'applicazione di pratiche e tecnologie sostenibili nelle aziende sanitarie [14]. A ben vedere, le aziende sanitarie hanno già applicato i fondamenti della CSR incoraggiando l'applicazione concreta di pratiche sostenibili e consentendo una maggiore accessibilità, fornendo quella che può essere vista come una "*universalizzazione delle opportunità*" [15].

In questo senso, le aziende sanitarie che adottano volontariamente la CSR contribuiscono positivamente allo sviluppo della comunità nella quale è calata [16].

---

[11] M. Elgin-Cossart, R. Chandran (2016), *Designing Better Accountability Mechanisms for the 2030 Agenda for Sustainable Development*, Center for American Progress.

S. Abhayawansa, C.A. Adams, C. Neesham (2021), *Accountability and governance in pursuit of Sustainable Development Goals: conceptualising how governments create value*, Accounting, Auditing & Accountability Journal, Vol. 34, No. 4, pp. 923-945.

[12] B. Tjahjono, C. Esplugues, E. Ares, G. Pelaez (2017), *What does industry 4.0 mean to supply chain?*, Procedia Manufacturing, Vol. 13, pp. 1175-1182.

[13] T. Gruchmann, I. Schmidt, S. Lubjuhn, S. Seuring, M. Bouman (2019), *Informing logistics social responsibility from a consumer-choice-centered perspective*, The International Journal of Logistics Management, Vol. 30, pp. 96-116.

[14] D. Alrahbi, M. Khan, M. Hussain (2021), *Exploring the motivators of technology adoption in healthcare*, International Journal of Healthcare Management, Vol. 14, No. 1, pp. 50-63.

[15] S. Tehemar (2015), *Corporate Social Responsibility for Healthcare Organizations*, Management Innovations for Healthcare Organizations, Routledge, London, UK, pp. 119-135.

R. Mazzotta, S. Veltri (2022), *Dalla voluntary alla mandatory disclosure dell'informativa societaria di natura non finanziaria: analisi del percorso e tendenze evolutive*, FrancoAngeli, Milano.

[16] A. Torugsa, W. O'Donohue, R. Hecker (2012), *Capabilities, proactive CSR and fi-*

Ad oggi, già molte aziende sanitarie hanno adottato pratiche derivanti dai principi di sostenibilità, tuttavia, è necessario ampliarli, portarli all'attenzione delle comunità e diffonderli il più ampiamente possibile [17]. La responsabilità sociale delle aziende sanitarie deve essere valutata soprattutto in base al loro impegno verso il raggiungimento di obiettivi sostenibili globali favorendo il bene comune [18].

Le pratiche sostenibili facilitano il riconoscimento del legame delle aziende sanitarie con le loro responsabilità sociali [19]. In questo contesto, l'attenzione principale è rivolta alla razionalizzazione della spesa sanitaria e alla necessità di puntare costantemente all'efficienza senza compromettere la qualità della fornitura dell'azienda sanitaria. Pertanto, le peculiarità aziendali, l'approccio manageriale al raggiungimento di buone prestazioni ed il controllo di gestione diretto all'implementazione delle nuove pratiche per la redazione dei *reporting* non finanziari, consentono scelte consapevoli nel rispetto di specifici livelli di efficacia ed efficienza [20]. Ciò può essere ottenuto adottando metodi e comportamenti che preservino le risorse, gli ecosistemi, le strutture sociali e di governance consentendo loro, al contempo, di rinnovarsi nel migliore dei modi.

In tal senso, s'intende presentare e mappare i processi di cambiamento in una tipologia di azienda sanitaria, l'ospedale, sulla base di una revisione del-

---

nancial performance in SMEs: Empirical evidence from an Australian manufacturing industry sector, Journal of Business Ethics, Vol. 109, pp. 483-500.

A. VENTURELLI, F. CAPUTO, R. LEOPIZZI, G. MASTROLEO, C. MIO (2017), *How can CSR identity be evaluated? A pilot study using a Fuzzy Expert System*, Journal of Cleaner Production, Vol. 141, pp. 1000-1010.

[17] C. CAVICCHI (2018), *Lo sviluppo sostenibile in azienda sanitaria: progettazione, implementazione e misurazione della performance*, FrancoAngeli, Milano.

[18] A. CASOTTI (2005), *La responsabilità sociale delle imprese (Vol. 5)*, Wolters Kluwer Italia, Milano.

M.M. MOLTENI (2004), *Responsabilità sociale e performance d'impresa. Per una sintesi socio-competitiva*, Vita e pensiero, Milano.

[19] F. LEGA (2013), *Management della sanità: Lineamenti essenziali e sviluppi recenti del settore e dell'azienda sanitaria*, EGEA spa, Milano.

[20] F. MANES-ROSSI, G. NICOLÒ, D. ARGENTO (2020), *Non-financial reporting formats in public sector organizations: a structured literature review*, Journal of Public Budgeting, Accounting & Financial Management, Vol. 32, No. 4, pp. 639-669.

R.J. LUNKES, D. NARANJO-GIL, E. LOPEZ-VALEIRAS (2018), *Management control systems and clinical experience of managers in public hospitals*, International Journal of Environmental Research and Public Health, Vol. 15, No. 4, p. 776.

la letteratura sull'argomento e di interviste approfondite con il personale sanitario e manageriale. Esaminando la letteratura recente si valuterà, innanzitutto, il concetto di sostenibilità ed il modo in cui lo stesso influisce sulle aziende sanitarie. Successivamente sarà approfondita e ampliata la conoscenza su questo argomento supportando i manager ad assumere decisioni a livello di sistema, adottando strumenti gestionali efficienti ed evitando, conseguentemente, resistenze al cambiamento rendendo il sistema aziendale più efficiente e sostenibile. Ciò consentirà di porre le basi per il cambiamento e, quindi, per il miglioramento strutturale e sostenibile dell'azienda sanitaria nel suo complesso.

3.2. *Gli effetti dell'approccio sostenibile sui processi dell'azienda sanitaria*

Con "approccio sostenibile", come già menzionato precedentemente, ci si riferisce ad un tipo di attività che possa soddisfare i bisogni attuali non danneggiando, al contempo, la capacità delle generazioni future di soddisfarne i propri [21]. Tale approccio deve essere utilizzato anche a livello aziendale al fine di guidare le decisioni assunte non solo a livello globale, ma anche e soprattutto a livello individuale [22].

La sostenibilità è comunemente descritta attraverso l'utilizzo di tre pilastri: ambientale, economico e sociale [23]. Il modello dei tre pilastri della sostenibilità è apparso per la prima volta nel Trattato di Amsterdam del 1997, elaborato dalla Commissione Europea. In questo modello, il concetto di sostenibilità già includeva l'ambiente visto come una chiave sia per lo sviluppo economico aziendale che per l'ampliamento delle organizzazioni sociali [24].

---

[21] C. Mio (2021), *L'azienda sostenibile*, Gius. Laterza & Figli spa, Bari.

[22] B.J. Ramirez, D. West, M. Costell (2013), *Development of a culture of sustainability in health care organizations*, Journal of Health Organization and Management, Vol. 27, No. 5, pp. 665-672.

S.C. Stefán, I. Popa, C.O. Dobrin (2016), *Towards a model of sustainable competitiveness of health organizations*, Sustainability, Vol. 8, No. 5, p. 464.

[23] B. Purvis, Y. Mao, D. Robinson (2019), *Three pillars of sustainability: in search of conceptual origins*, Sustain Science, Vol. 14, pp. 681-695.

[24] O.A. Al Jaberi, M. Hussain, P.R. Drake (2017), *A framework for measuring sustainability in healthcare systems*, International Journal of Healthcare Management.

Anche per le aziende sanitarie, lo sviluppo sostenibile pone le sue basi su i pilastri ambientali, sociali ed economici [25]. Più specificamente, dal punto di vista ambientale, lo sviluppo efficiente ed efficace delle caratteristiche costitutive e della duratura funzionalità economica delle aziende sanitarie, nonché una buona ed attenta progettazione delle strutture e dei processi aziendali, consente la riduzione degli spostamenti e, quindi, l'inquinamento, limita la nascita superflua di nuove strutture sanitarie e riduce la produzione dei rifiuti sanitari [26].

Dal punto di vista sociale, le aziende sanitarie devono consentire sempre più ai pazienti di vivere un'esperienza sanitaria confortevole e facilitare il loro coinvolgimento nei processi decisionali generando una sorta di rendicontazione sociale. Ciò aumenterà la sensazione di benessere generale vissuta all'interno dell'azienda sanitaria [27].

Infine, riguardo alla sostenibilità economica, lo sviluppo sia delle caratteristiche costitutive delle aziende sanitarie sia dei sistemi utilizzati per effettuare le valutazioni aziendali, rappresentano strumenti in grado di generare reddito, lavoro e maggiore efficienza nella fornitura dei servizi di cura. Inoltre, in termini reddituali, crea nuove opportunità di lavoro e rende possibile l'implementazione in azienda di nuove tecnologie [28]. Invece, in termini di efficienza prestazionale, i nuovi strumenti di valutazione dei finanziamenti aziendali consentiranno una gestione più attenta delle risorse per tale tipologia di azienda [29].

M. ROMANELLI (2017), *Towards sustainable health care organizations*, Management Dynamics in the Knowledge Economy, Vol. 5, No. 3, pp. 377-394.

[25] G. D'ONZA (2022), *L'orientamento delle aziende ad uno sviluppo sostenibile: quale contributo da parte dei sistemi di management e controllo?*, FrancoAngeli, Milano.

[26] D. ALESANI, M. MARCUCCIO, E. TRINCHERO (2005), *Bilancio sociale e aziende sanitarie: stato dell'arte e prospettive di sviluppo*, Mecosan, Vol. 55, pp. 9-34.

[27] C. BIANCHI (2012), *Ripensare al bene dell'azienda in un'ottica di sviluppo sostenibile nel soddisfacimento dell'interesse pubblico tra bisogni individuali e sociali*, in *Il bene dell'azienda, Scritti in onore di Vittorio Coda*, pp. 75-105.

G. LEONI, A. LAI, R. STACCHEZZINI, I. STECCOLINI, S. BRAMMER, M. LINNENLUECKE, I. DEMIRAG (2021), *Accounting, management, and accountability in times of crisis: Lessons from the COVID-19 pandemic*, Accounting, Auditing & Accountability Journal, Vol. 34, pp. 1305-1319.

[28] A. LAI, R. STACCHEZZINI (2021), *Organisational and professional challenges amid the evolution of sustainability reporting: A theoretical framework and an agenda for future research*, Meditari Accountancy Research, Vol. 29, pp. 405-429.

A. LOMBRANO, S. IACUZZI (2020), *Comparing health system performance*, Economia Aziendale Online, Vol. 11, pp. 175-189.

[29] D. SALVIONI, F. GENNARI (2016), *Corporate governance, ownership, and sustainability*, Corporate Ownership and Control, Vol. 13, pp. 606-614.

Le azioni messe in campo per lo sviluppo di una gestione sostenibile sono finalizzate, *in primis*, a migliorare la qualità della vita del paziente, influenzando positivamente la percezione del concetto di sostenibilità da parte non solo dei professionisti sanitari, ma anche da parte dei manager [30]. In altre parole, il concetto di sostenibilità ha contribuito ad una rivalutazione delle relazioni intessute tra la crescita economico-aziendale e l'ambiente in cui l'azienda stessa è calata [31].

L'identificazione di strategie a livello di governance rappresenta il prodotto di una funzione aziendale essenziale che consente ai manager sanitari di migliorare l'analisi dei fattori ambientali interni ed esterni da una prospettiva sostenibile. Infatti, nel contesto sanitario, la pianificazione della "governance strategica" consiste nell'elaborazione di un paniere di obiettivi, indicazioni ed evoluzioni di scenari aziendali utili per specificare le principali operazioni che devono esser svolte dalle aziende sanitarie [32]. Tuttavia, la pianificazione delle azioni della "governance strategica" può anche essere vista come la fase in cui si avviano i processi di organizzazione dell'azienda per il raggiungimento dei propri obiettivi [33].

Inoltre, la sostenibilità dell'azienda sanitaria può essere vista anche come la capacità di utilizzare la tecnologia per consentire al sistema sanitario di fare molto di più con le risorse esistenti o, al massimo, con una parsimoniosa aggiunta di risorse di tipo pratico. Questa sfida ha spinto l'azienda a cercare alternative adottando soluzioni manageriali, nuovi modelli contabili, gestionali e modelli comportamentali per sopravvivere ed accrescere i risultati sanitari di tipo sostenibile. Nell'ambito di tali soluzioni, le aziende sanitarie hanno adottato principalmente processi di trasformazione digitale [34].

---

[30] C. RICH, J.K. SINGLETON, S. WADHWA (2018), *Sustainability for healthcare management: A leadership imperative*, Routledge, London, UK.

[31] C. CAVICCHI, E. VAGNONI (2017), *Does intellectual capital promote the shift of healthcare organisations toward sustainable development? Evidence from Italy*, Journal of Cleaner Production, Vol. 153, pp. 275-286.

[32] M. DEL VECCHIO, A. ROMITI (2017), *Prospettive di sviluppo per la governance delle aziende sanitarie*, in *Aziende e management per il futuro del SSN*, KOS Comunicazione e Servizi srl, Roma, pp. 45-68.

L. RODRÍGUEZ-LABAJOS, C. THOMSON, G. O'BRIEN (2018), *Performance measurement for the strategic management of health-care estates*, Journal of Facilities Management, Vol. 16, pp. 217-232.

[33] C. CARBONE, F. LEGA, A. PRENESTINI (2010), *Governance e organizzazione delle aziende ospedaliero-universitarie*, Egea, Milano.

[34] J. BRAITHWAITE, Y. MATSUYAMA, R. MANNION (2016), *How to do better health re-*

A ben vedere, affinché i sistemi e le aziende sanitarie diventino sostenibili, devono adattarsi a sfide in continua evoluzione ed al complesso ambiente turbolento che li circonda [35]. Data la similarità tra le necessità di potenziare la forza lavoro, fornire uno sviluppo efficiente, garantire che i professionisti sanitari si mantengano al passo con i cambiamenti tecnologici [36] e considerando le limitazioni di budget, la questione di come fornire un'assistenza sanitaria finanziariamente sostenibile, efficiente, accessibile e conveniente per tutti è di importanza rilevante per i sistemi sanitari e rappresenta una minaccia per ogni Paese [37]. Fornire, quindi, risultati accessibili ed economicamente vantaggiosi nel tempo richiede molteplici approcci adattivi, azioni coordinate e numerosi stakeholders che, all'interno della stessa azienda sanitaria, condivano interessi congiunti. In sostanza, per essere sostenibili è necessario che le risorse a disposizione consentano di raggiungere gli obiettivi prefissati. I policy maker e i manager delle aziende sanitarie potranno raggiungere obiettivi sostenibili solo implementando miglioramenti, interventi e strategie mirate al cambiamento [38].

3.3. *Le pratiche di sostenibilità: modelli di gestione e trasformazioni digitali*

Il concetto di "sostenibilità" si identifica accanto a quello di "adattabilità" poiché entrambi richiedono un cambiamento strategico da imporre a tutti i livelli dell'organizzazione aziendale [39]. Sia i manager che i professionisti sa-

---

form: a snapshot of change and improvement initiatives in the health systems of 30 countries, International Journal for Quality in Health Care, Vol. 28, pp. 843-846.

[35] J. Braithwaite, W. Mannion James, C.F. Hughes (2018), *The future of health systems to 2030: a roadmap for global progress and sustainability*, International Journal for Quality in Health Care, Vol. 30, No. 10, pp. 823-831.

[36] C. De Pietro, A. Prenestini (2008), *Governance professionale nelle aziende sanitarie pubbliche: il ruolo del Collegio di direzione e del Consiglio dei sanitari*, in *L'aziendalizzazione della sanità in Italia*, Rapporto OASI, Egea, Milano, pp. 301-326.

C. Rainero, V. Brescia, A. Cataldo (2019), *La formazione manageriale in sanità. Nuovi strumenti e modelli tra governance e politiche*, in *Economia Aziendale Online*, Vol. 10, No. 2, pp. 235-256.

[37] J. Braithwaite, W. Mannion James, C.F. Hughes (2018), *op. cit.*

[38] *Ibidem.*

[39] F. Bosco, C. Di Gerio, G. Fiorani, G. Stola (2024), *How to manage sustainability in*

nitari sono esposti, quasi costantemente, a situazioni complesse da gestire, a fattori ambientali, nonché a fattori interni all'azienda le cui caratteristiche e influenze sono cruciali nel determinare il cambiamento. Da non dimenticare sono le percezioni e gli atteggiamenti che adotta il capitale umano e che costituiscono la complessa realtà aziendale, la cultura d'impresa e gli influssi ambientali che pongono le basi al cambiamento [40].

In letteratura, esiste un consenso diffuso sul fatto che le aziende sanitarie implementino costantemente processi contabili, strategici e gestionali regolarmente rinnovati per adattarsi alle dinamiche dell'ecosistema circostante e alle sue esigenze. L'analisi della letteratura ha, inoltre, rivelato che la maggior parte dei professionisti che lavora all'interno del sistema sanitario concorda sul fatto che per far parte del processo di rinnovamento aziendale totalitario, è necessario concentrarsi sulla sostenibilità, soprattutto a fronte dei risultati ottenuti a seguito della crisi pandemica.

Ad oggi, i manager sanitari e i professionisti impiegati nelle aziende sanitarie rappresentano i principali attori nella messa a punto e fornitura di prestazioni sostenibili. Svolgono un ruolo decisivo nel supportare il raggiungimento di elevati standard aziendali impegnandosi non solo in attività cliniche ma anche di tipo più aziendale-organizzativo [41]. Molti di loro ricoprono posizioni manageriali assumendo alti livelli di responsabilità. Di conseguenza, le pratiche tradizionali di gestione delle risorse umane, caratterizzate da una forte burocratizzazione dei processi, devono essere messe in discussione per facilitare l'applicazione di modelli di gestione volti a supportare e valorizzare i professionisti nei loro ruoli manageriali aumentandone la consapevolezza verso le pratiche di sostenibilità [42].

Solitamente, i professionisti fanno riferimento alla "sostenibilità" come sostituto del termine "efficienza": identificano il concetto di "*sustainable healthcare*" nell'aspirare ad utilizzare la tecnologia per consentire all'azien-

---

healthcare organizations? A processing map to include the ESG strategy, Journal of Public Budgeting, Accounting & Financial Management.

[40] F.M. Spano, V. Tradori (2015), *Sistemi di auditing e controllo nelle organizzazioni sanitarie*, Rirea, Roma.

[41] S. Fanelli, G. Lanza, A. Zangrandi, E. Enna (2019), *Innovare nei metodi di gestione nelle aziende sanitarie pubbliche: quali variabili di successo?*, Azienda Pubblica, Vol. 3, pp. 237-254.

[42] T. Ali Mohamad, A. Bastone, F. Bernhard, F. Schiavone (2023), *How artificial intelligence impacts the competitive position of healthcare organizations*, Journal of Organizational Change Management, Vol. 36, No. 8, pp. 49-70.

da sanitaria di fare molto di più con le risorse esistenti. A tal fine, in letteratura vengono identificate alcune categorie di studi che risultano correlate alla trasformazione digitale e rappresentano come il cambiamento sistemico porti con sé la fornitura di prestazioni efficienti ed efficaci.

A seguito del processo di revisione sistematica della letteratura, è stato possibile identificare quattro categorie: trasformazione digitale per la sostenibilità in sanità, strumenti digitali per la fornitura dei servizi di cura, responsabilizzazione dei pazienti attraverso la diffusione della cultura digitale e sfide e barriere ai processi dell'azienda sanitaria.

3.3.1. *La trasformazione digitale per la sostenibilità in sanità*

La trasformazione digitale è una delle caratteristiche maggiormente distintive del ventunesimo secolo poiché ha imposto a quasi tutti i settori economici di adattarsi ai frequenti cambiamenti tecnologici, compreso il settore sanitario[43]. Nelle aziende sanitarie l'attuazione della trasformazione digitale coinvolge non solo le pratiche manageriali ma anche i modelli gestionali-contabili. Tale implica anche cambiamenti organizzativi e strategici atti a migliorare le prestazioni sanitarie e organizzative secondo la prospettiva sostenibile e per promuovere servizi sanitari di alta qualità, efficienti ed accessibili.

La trasformazione digitale prevede l'utilizzo di innovazioni ad alta tecnologia nel mondo sanitario, tecnologie evolute dell'informazione e della comunicazione e soluzioni innovative per molte delle attività erogate dall'azienda sanitaria. Tra queste soluzioni rientrano, ad esempio, l'utilizzo dell'intelligenza artificiale, l'utilizzo dei big data per la ricerca, il trattamento e il miglioramento dei processi gestionali dell'azienda sanitaria, la condivisione di informazioni tra aziende sanitarie anche al fine di creare un *continuum* terapeutico legandosi alla medicina personalizzata, all'implementazione della robotica nel trattamento e nella chirurgia, all'uso di strumenti e app digitali per la diagnosi e la cura, e allo sviluppo e fornitura di servizi di cura a distanza[44]. Inoltre, gli operatori sanitari sottolineano che l'adozione di questi processi aiuta le aziende sanitarie a migliorare la propria reputazione e ad acquisire un vantaggio competitivo nei loro *setting*[45].

---

[43] I.C. MARQUES, J.J. FERREIRA (2020), *Digital transformation in the area of health: Systematic review of 45 years of evolution*, Health and Technology, Vol. 10, No. 3, pp. 575-586.

[44] *Ibidem*.

[45] A. AGWUNOBI, P. OSBORNE (2016), *Dynamic capabilities and healthcare: a framework*

A ben vedere, quindi, la trasformazione digitale ha consentito alle aziende sanitarie di espandere le proprie attività oltre che a fidelizzare la clientela durante il periodo appena trascorso di crisi pandemica. Tale evoluzione ha generato anche robuste collaborazioni con start-up e aziende biotecnologiche che hanno reso possibile l'erogazione di soluzioni immediate quali la telemedicina, l'analisi dei dati a distanza, il monitoraggio a distanza dei pazienti, il trattamento con tecnologia *touchless* e la robotica. Si può, pertanto, sostenere che il periodo attuale ha notevolmente intensificato la rivoluzione digitale convogliandola nel rinnovamento dei processi manageriali delle aziende sanitarie. In questo senso, il cambiamento digitale assume un ruolo potenziale volto a risolvere parzialmente le sfide della sostenibilità fornendo servizi di cura di alta qualità e prontamente disponibili anche in condizioni sistemiche complesse.

Alla luce degli studi analizzati in letteratura, la trasformazione digitale dell'azienda sanitaria sta emergendo come un modo sostenibile diretto a supportare lo sviluppo delle capacità aziendali di fornitura dei servizi sanitari [46]. È ormai noto come tutti gli investimenti nella trasformazione digitale sostenibile riducano la spesa relativa all'acquisizione delle risorse aziendali e, allo stesso tempo, aumentino la sostenibilità del sistema sanitario in un'ottica d'insieme [47]. L'uso abituale della tecnologia digitale ha, infatti, consentito la dematerializzazione di alcuni servizi; ad esempio, la raccolta dei dati dei pazienti attraverso le cartelle cliniche elettroniche.

Per garantire che l'integrazione delle strategie di trasformazione digitale all'interno degli asset delle aziende sanitarie sia un'azione sostenibile, è necessario individuare un processo che faciliti l'inclusione dei fattori sociali all'interno della filiera delle tecnologie digitali [48]. Pertanto, maggiori sono le

---

for enhancing the competitive advantage of hospitals, California Management Review, Vol. 58, No. 4, pp. 141-161.

[46] F.P. SALVATORE, S. FANELLI (2021a), *Indicators and criteria for efficiency and quality in public hospitals: A performance evaluation model*, Global Business and Economics Review, Vol. 25, No. 3/4, pp. 212-230.

F.P. SALVATORE, S. FANELLI (2021b), *The healthcare organisation in COVID-19 Age: An evaluation framework for the performance of a telemonitoring model*, Sustainability, Vol. 13, p. 12765.

[47] C. CAVICCHI, C. OPPI, E. VAGNONI (2019), *On the feasibility of integrated reporting in healthcare: A context analysis starting from a management commentary*, Journal of Management and Governance, Vol. 23, pp. 345-371.

[48] M. FAGGINI, S. COSIMATO, F.D. NOTA, G. NOTA (2019), *Pursuing sustainability for healthcare through digital platforms*, Sustainability, Vol. 11, p. 165.

competenze delle aziende sanitarie, più i programmi di utilizzo delle applicazioni digitali verranno effettivamente implementati. Questa correlazione è costituita da variabili che si influenzano a vicenda, sviluppando la sostenibilità dell'intero sistema sanitario cui le aziende sono parte integrante [49].

Tuttavia, è da evidenziare come attualmente sussista un'enorme diversità nell'ambito dell'adozione e dell'implementazione di strategie di adattamento nelle aziende sanitarie mondiali (siano esse pubbliche, private o in partenariato pubblico-privato). Tale è motivata dal fatto che i processi che apportano logiche di sostenibilità, vengono introdotti solo parzialmente, principalmente a causa delle difficoltà fisiche riscontrate nella fattiva applicazione e dell'opposizione da parte dei professionisti sanitari e del management [50].

In definitiva, in letteratura è fortemente sostenuto che la trasformazione digitale ha acquisito un particolare slancio a seguito della nascita della pandemia da Covid-19 [51]. I vincoli posti dal distanziamento sociale hanno fatto sì che l'azienda sanitaria e tutto il personale coinvolto implementassero i cambiamenti in modo immediato al fine di facilitare l'adeguamento dei processi di governo aziendali relativi all'erogazione dei servizi di cura come la diagnosi ed i trattamenti.

3.3.2. *Gli strumenti digitali per la fornitura dei servizi di cura*

L'utilizzo degli strumenti digitali per migliorare la sostenibilità nella fornitura dei servizi di cura al paziente è, certamente, uno dei temi maggior-

---

[49] A. LAI, R. STACCHEZZINI (2021), *Organisational and professional challenges amid the evolution of sustainability reporting: A theoretical framework and an agenda for future research*, Meditari Accountancy Research, Vol. 29, pp. 405-429.

[50] P.M. GINTER (2018), *The strategic management of health care organizations*, John Wiley & Sons, New Jersey, USA.

L. LENNOX, L. MAHER, J. REED (2018), *Navigating the sustainability landscape: a systematic review of sustainability approaches in healthcare*, Implementation Science, Vol. 13, No. 1, pp. 1-17.

[51] D. BINCI, G. PALOZZI, F. SCAFARTO (2022), *Toward digital transformation in healthcare: a framework for remote monitoring adoption*, The TQM Journal, Vol. 34, No. 6, pp. 1772-1799.

A. KRUSZYŃSKA-FISCHBACH, S. SYSKO-ROMAŃCZUK, T.M. NAPIÓRKOWSKI, A. NAPIÓRKOWSKA, D. KOZAKIEWICZ (2022), *Organizational e-health readiness: How to prepare the primary healthcare providers' services for digital transformation*, International Journal of Environmental Research and Public Health, Vol. 19, No. 7, p. 3973.

mente trattati in letteratura. La telemedicina ed il trattamento dei pazienti mediante strumenti digitali stanno emergendo sempre più come le principali modalità sostenibili per supportare lo sviluppo dei sistemi di gestione aziendale dei servizi sanitari.

In periodi contrassegnati da crisi sanitarie, come quello appena trascorso con la pandemia da Covid-19, l'adozione dell'assistenza digitale attraverso le tecniche di telemedicina è stata uno dei principali strumenti per far fronte ai vincoli del distanziamento sociale [52]. Gli strumenti digitali per la diagnosi e il trattamento a distanza, come la robotica per le fasi di *screening* e l'uso della telemedicina per la comunicazione e le cure mediche, sono diventati strumenti essenziali per le aziende sanitarie non solo per sopravvivere ai periodi di crisi, ma anche per implementare un dispositivo efficace, efficiente e realistico di sostenibilità che supporti i manager sanitari nella gestione delle performance aziendali [53].

Secondo alcuni studi, si ritiene comunemente che, quando l'azienda sanitaria investe in strumenti digitali per la fornitura dei servizi sanitari, affronta un passo in avanti per essere a tutti gli effetti un'organizzazione più sostenibile. Secondo AlJaberi *et al.* (2020) e Cavicchi *et al.* (2019), tutti gli investimenti in telemedicina, oltre a ridurre il peso economico delle patologie a carico delle casse aziendali, aumentano, al tempo stesso, la sostenibilità ambientale, sociale e di governance del sistema sanitario nel suo complesso. In molti casi, per realizzare e sviluppare strumenti digitali in sanità, l'azienda sanitaria deve collaborare con le aziende high-tech e di sviluppo di componenti biotecnologici [54].

I sistemi e le aziende sanitarie si sono evoluti sempre più nel tempo sino

---

[52] F. Ranalli, G. Palozzi (2019), *La Telemedicina tra innovazione e sostenibilità: modello operativo generale e tassonomia delle risorse coinvolte*, in *Identità, innovazione e impatto dell'aziendalismo italiano. Dentro l'Economia digitale*, Atti del XXXIX Convegno nazionale Accademia Italiana di Economia Aziendale, Università degli Studi di Torino.

[53] A. Janati, E. Hasanpoor, S. Hajebrahimi, H. Sadeghi-Bazargani (2018), *Evidence-based management-healthcare manager viewpoints*, International journal of health care quality assurance, Vol. 31, No. 5, pp. 436-448.

F. Lega (2013), *op. cit.*

[54] O.A. Aljaberi, M. Hussain, P.R. Drake (2020), *A framework for measuring sustainability in healthcare systems*, International journal of healthcare management, Vol. 13, pp. 276-285.

C. Cavicchi, C. Oppi, E. Vagnoni (2019), *op. cit.*

a diventare un unico ecosistema integrato comprendente il settore biofarmaceutico e la tecnologia medicale, ponendo le basi alla costruzione di un'assistenza sanitaria affluente ad un unico settore definito come "bio-convergente" [55]. Allo stesso modo, per garantire un'efficacia sostenibile dell'integrazione tra le strategie per l'applicazione dei servizi di telemedicina e l'effettiva gestione delle performance dell'azienda sanitaria, sarebbe opportuno identificare le più diffuse *best practices* nel settore sanitario e, dalle stesse, trarre possibili soluzioni utili a supportare un'evoluzione sempre più sostenibile nella fornitura dei servizi di cura attraverso lo strumento digitale.

3.3.3. *La responsabilizzazione dei pazienti attraverso la diffusione della cultura digitale*

Recenti studi in letteratura hanno sottolineato che molti professionisti sanitari reputano che gli strumenti digitali saranno un ottimo modo per responsabilizzare i pazienti. Visualizzare autonomamente le proprie informazioni cliniche e diventare protagonisti nei processi terapeutici e amministrativi, renderà il paziente sempre più parte attiva del trattamento sanitario. Gli stessi, infatti, possono seguire tutti gli step nella gestione del trattamento, fissare appuntamenti e visualizzare la propria cartella clinica, diventando, in questo modo, il perno centrale dell'assistenza sanitaria erogata.

Inoltre, negli ultimi anni i professionisti sanitari hanno riconosciuto che la centratura del paziente contribuisce a creare fiducia e a migliorare non solo la relazione "medico-paziente", ma anche la risposta del paziente al trattamento proposto [56]. Ciò ottimizza il processo clinico erogato dall'azienda sanitaria e consente una buona cooperazione tra gli attori principali migliorando e facilitando la sostenibilità dei processi sanitari.

---

[55] A. TURSUNBAYEVA (2019), *Human resource technology disruptions and their implications for human resources management in healthcare organizations*, BMC health services research, Vol. 19, No. 1, pp. 1-8.

[56] S. BRYANT, G. LANDE, D. MOSHAVI (2012), *A knowledge-based view of improving the physician-patient relationship*, Academy of Health Care Management Journal, Vol. 8, No. 1, pp. 9-19.

A. KAISSI (2005), *Manager-physician relationships: an organizational theory perspective*, The health care manager, Vol. 24, No. 2, pp. 165-176.

3.3.4. *Le sfide e le barriere ai processi dell'azienda sanitaria*

I processi di evoluzione verso un sistema sanitario più sostenibile costringono l'azienda sanitaria e i suoi dipendenti ad adottare nuove tecnologie e, in tal senso, l'implementazione di complessi cambiamenti strategici organizzativi e manageriali diventano essenziali [57]. Tuttavia, i manager rilevano non poche difficoltà nell'affrontare tali processi. Alcuni sottolineano che, sebbene il sistema dovrebbe diventare più efficiente e fornire servizi in modo più equo alla popolazione, gli individui differiscono nella loro capacità di trarre vantaggio dai servizi offerti. Altri, invece, rilevano la questione dell'opposizione all'adozione dei processi di cambiamento, sia da parte della comunità in cui l'azienda sanitaria è locata, che da parte dei dipendenti e del personale sanitario.

Rilevanti differenze vengono identificate anche all'interno dell'azienda stessa osservando diversi livelli di gestione. Ciò indica che l'implementazione dei processi di cambiamento strategico non è avvenuta in maniera lineare [58]. In particolare, i manager e i professionisti sanitari hanno evidenziato che sono state affrontate rilevanti barriere all'implementazione dei cambiamenti digitali relativamente all'impiego di nuovi sistemi digitali per la gestione del personale, difficoltà nel proteggere le informazioni personali dei pazienti, procedure complesse per l'archiviazione dei sistemi, necessità di backup di ingenti dati sanitari e attacchi informatici che si sono interposti come ostacoli significativi.

3.4. *Il cambiamento come sfida per la sostenibilità aziendale*

Tra i tanti cambiamenti correlati ai sistemi aziendali delle aziende sanitarie avvenuti nell'ultimo decennio, può assolutamente essere rilevato che la

[57] B.J. RAMIREZ, D. WEST, M. COSTELL (2013), *Development of a culture of sustainability in health care organizations*, Journal of Health Organization and Management, Vol. 27, No. 5, pp. 665-672.

M. ROMANELLI (2017), *Towards sustainable health care organizations*, Management Dynamics in the Knowledge Economy, Vol. 5, No. 3, pp. 377-394.

[58] F. LEGA (2012), *La gestione del cambiamento strategico nelle Aziende Sanitarie Pubbliche*, Egea, Milano.

C. BIANCIARDI, L. BRACCI, L. BURRONI, J. GUERCINI (2015), *Lean Thinking in sanità: da scelta strategica a modello operativo*, Società Editrice Esculapio, Bologna.

trasformazione digitale ha agito come un processo esplicativo in diversi ambiti, non solo clinici, come i servizi sanitari, la diagnostica, la ricerca ed i percorsi terapeutici, ma anche in ambiti manageriali, quali tecniche di rendicontazione, modelli organizzativi, sviluppi di governance, caratteristiche costitutive dell'impresa e funzionalità economico-aziendali (Figura 3).

Figura 3. – *Gli elementi del cambiamento e le implicazioni sull'azienda sanitaria*

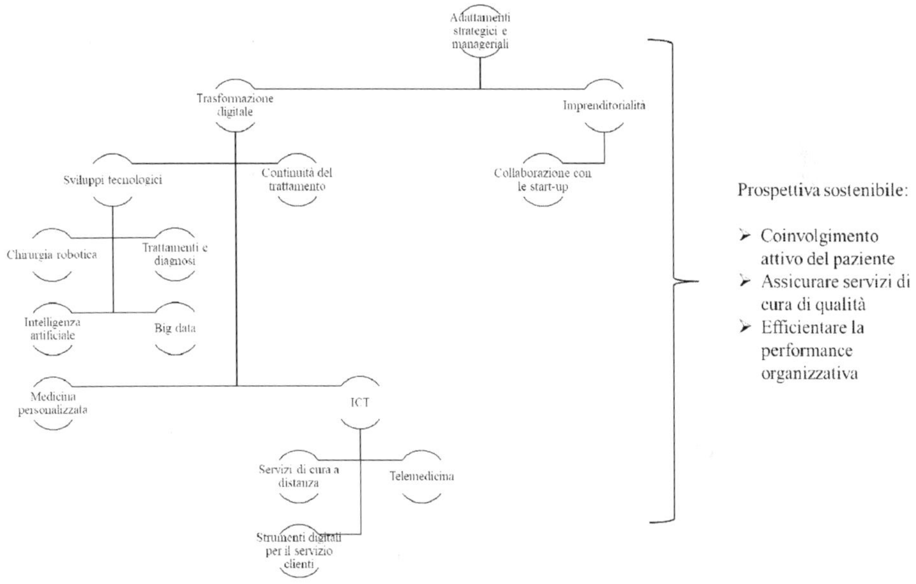

I processi di cambiamento sono stati pensati per migliorare la qualità e l'efficacia dell'assistenza sanitaria e per perfezionare l'approccio alla sostenibilità aziendale dei professionisti, dei manager sanitari e delle strategie aziendali, potenziando, così, la sostenibilità dell'intero sistema. Tuttavia, non è stato ancora valutato il costo totale dei cambiamenti introdotti a livello aziendale né il cambiamento nei tassi di mortalità a seguito dell'uso delle tecnologie digitali [59].

La forte tendenza nelle politiche nazionali di introdurre innovazioni relative alla sanità digitale [60], evidenzia l'impegno che molte aziende sanitarie

---

[59] J. KEASBERRY, I.A. SCOTT, C. SULLIVAN, A. STAIB, R. ASHBY (2017), *Going digital: A narrative overview of the clinical and organisational impacts of eHealth technologies in hospital practice*, Australian Health Review, Vol. 41, No. 6, pp. 646-664.

[60] Osservatorio globale per l'eHealth (2022).

stanno assumendo nell'uso delle tecnologie digitali per promuovere obiettivi di sviluppo sostenibile, supportare la copertura sanitaria universale e garantire il futuro dell'assistenza sanitaria. Migliorare l'accessibilità e la qualità dell'assistenza sanitaria è, senza dubbio, l'interesse principale dei sistemi sanitari e delle strategie previste dalle aziende sanitarie di tutto il mondo. Come accennato in precedenza, i tre pilastri su cui si fonda il concetto di sostenibilità (ambientale, sociale ed economico) supportano anche lo sviluppo di funzioni essenziali della sanità pubblica, come la definizione di gruppi di servizi sanitari integrati, le politiche sanitarie aziendali e le politiche multisettoriali; azioni pensate sia per i pazienti che per le comunità.

Negli ultimi anni, le tecnologie digitali vengono considerate come delle risorse essenziali per l'erogazione dei servizi sanitari e la loro diffusione è in rapida ascesa. La tecnologia è stata integrata in diversi ambiti al fine di incoraggiare le cure primarie e le funzioni sanitarie essenziali per tutelare la salute pubblica. In questo contesto, gli usi prevalenti delle tecnologie digitali includono la ricerca di risorse per accrescere il know-how clinico, la promozione del supporto sanitario, la misurazione della qualità delle cure fornite, il monitoraggio della diffusione delle malattie infettive e delle forniture di farmaci e vaccini [61].

Dal punto di vista comunitario, i manager delle aziende sanitarie che supportano l'utilizzo di tecnologie digitali, manifestano una necessità sempre più rilevante di conoscenze e risorse più approfondite per garantire che le tecnologie adottate soddisfino effettivamente le loro esigenze e possano essere sviluppate, gestite e utilizzate in modo efficace.

Tuttavia, oggi vi è un'enorme diversità nella misura in cui i sistemi e le aziende sanitarie in tutto il mondo includono e implementano strategie di cambiamento e adattamento perché i processi che portano al rinnovamento sono solo parziali, principalmente a causa dell'opposizione posta da alcuni dirigenti del personale e da alcuni pazienti [62]. È pur vero, però, che i processi di trasformazione digitale, accelerati dalla pandemia da Covid-19, sono diventati parte integrante dell'adattamento del mercato sanitario al suo am-

---

[61] M. BEAULIEU, P. LEHOUX (2019), *The emergence of health technology organizations among institutional healthcare and economic actors*, International Entrepreneurship and Management Journal, Vol. 15, pp. 1115-1151.

[62] C. LALONDE, C. ADLER (2015), *Information asymmetry in process consultation: an empirical research on leader-client/consultant relationship in healthcare organizations*, Leadership & organization development Journal, Vol. 36, No. 2, pp. 177-211.

biente dinamico, competitivo e in continua evoluzione. Tali cambiamenti fanno parte della soluzione posta al divario esistente tra la crescente spesa sanitaria e i finanziamenti limitati per le aziende sanitarie. Ciò rappresenta un problema globale perché le aziende sanitarie devono fare i conti con il pareggio del bilancio e la domanda intransigente di innovazione, qualità e sicurezza [63].

Includere sempre più i processi di trasformazione digitale è, dunque, un passo verso l'evoluzione sostenibile delle aziende sanitarie poiché possono essere utilizzati a beneficio dei pazienti, del personale medico, dei dirigenti e dell'azienda nel suo complesso [64].

In letteratura è sempre più evidente come i processi digitali possano generare influenze a livello organizzativo, sistemico e del personale; pertanto, tali procedure devono essere sviluppate nel quadro di un cambiamento organizzato, affrontando le barriere, le difficoltà e l'opposizione al processo.

A ben vedere, il potenziale insito in questi processi è ben più ampio dell'ottimizzazione di uno specifico trattamento terapeutico, poiché rappresenta un'opportunità utile ad apportare un cambiamento inclusivo al sistema. Una tale riorganizzazione ottimizzerà i differenti servizi offerti e potrà apportare benefici come la riduzione delle code, l'abbassamento dei tempi di attesa al pronto soccorso, la riduzione dei ricoveri e la loro durata, una spinta maggiore alla conversione al ricovero domiciliare e la riduzione del carico di lavoro.

I cambiamenti nei processi aziendali avranno conseguenze anche di vasta portata per il futuro dell'azienda sanitaria, poiché consentiranno di riprogettare la catena di fornitura dei servizi sanitari per bilanciare le esigenze del sistema e le sue risorse. Altre tipologie di conseguenze saranno quelle capaci di influenzare i sistemi manageriali delle aziende sanitarie del futuro.

Considerati i cambiamenti da attuare oggigiorno al fine di utilizzare le nuove tecnologie digitali nel modo più sostenibile possibile, le aziende sanitarie saranno sempre più viste come fautori essenziali di un sistema sanitario moderno, in cui le barriere sociali ed economiche non dovrebbero più inci-

---

[63] W. Ricciardi, P. Pita Barros, A. Bourek, W. Brouwer, T. Kelsey, L. Lehtonen, Expert Panel on Effective Ways of Investing in Health (EXPH) (2019), *How to govern the digital transformation of health services*, European Journal of Public Health, Vol. 29, No. s3, pp. 7-12.

[64] R. Mehra, M.K. Sharma (2021), *Measures of sustainability in healthcare*, Sustainability Analytics and Modeling, Vol. 1, p. 100001.

dere sulla capacità di garantire equità nella fornitura di servizi assistenziali sostenibili. Sfruttare il potenziale delle tecnologie digitali per l'assistenza sanitaria richiede una collaborazione intersettoriale ed una pianificazione della governance strategica [65].

I manager dell'azienda sanitaria dovranno sviluppare strumenti di valutazione e indicatori di performance in grado di stimare i benefici (e i rischi) che queste tecnologie potrebbero apportare ai finanziamenti, alle procedure di definizione dei budget e, in generale, ai sistemi di contabilità delle aziende sanitarie. Dovranno, pertanto, mettere a punto delle strategie di business che possano consentire l'efficace integrazione nei processi aziendali delle tecnologie considerate più promettenti. In questo modo, al fine di garantire la realizzazione dei benefici evitando di incorrere in eventuali rischi come le resistenze al cambiamento, sarà necessario introdurre approcci gestionali innovativi ed adottare strumenti manageriali proficui e funzionali. Ciò consentirà di porre le basi per un cambiamento efficace ed efficiente e, quindi, per un miglioramento strutturale dell'azienda sanitaria garantendo l'evoluzione di un sistema il più sostenibile e conveniente possibile che sia a beneficio del paziente e, al contempo, dei professionisti implicati nell'agire aziendale sanitario.

---

[65] A. Romiti, M. Del Vecchio, C. Milani, G. Sartor (2022), *Italian healthcare organisations facing new dimensions: changes in governance structure*, Journal of Management and Governance, Vol. 27, pp. 1-29.

Capitolo Quarto

Standard ESG e reporting *di sostenibilità: un'applicazione empirica per l'implementazione di indicatori chiave di* performance *nelle aziende sanitarie*

4.1. *Premessa*

"*Saving our planet, lifting people out of poverty, advancing economic growth ... these are one and the same fight. We must connect the dots between climate change, water scarcity, energy shortages, global health, food security and women's empowerment. Solutions to one problem must be solutions for all*" [1].

In accordo con quanto affermato da Ban Ki-moon ben più di dieci anni fa, risulta più attuale che mai porsi ad oggi la seguente domanda: come possono i manager fattivamente misurare i fattori ESG e trarre benefici per le aziende sanitarie di cui sono parte integrante?

La risposta a questa domanda non è del tutto semplice poiché soppesare i fattori ESG su un'azienda di tipo sanitario non equivale ad implementare tali fattori in qualsiasi altro processo di un'azienda di diversa natura [2].

---

[1] BAN KI-MOON (2011), *Former UN Secretary-General*.

[2] J. KUZMINA, M. LINDEMANE (2017), *ESG Investing: new challenges and new opportunities*, Journal of business management, Vol. 14.

Osservando la loro classificazione è possibile asserire che i fattori ambientali comprendono la responsabilità dell'organizzazione aziendale nei confronti delle comunità e tra questi sono da considerare la sostenibilità, la gestione dei rifiuti, l'inquinamento ed il cambiamento climatico. I fattori sociali, invece, mirano a descrivere l'impatto sulla comunità dell'agire aziendale, dell'equità, delle relazioni con e tra i dipendenti e del livello di inclusione nell'azienda. Infine, i fattori di governance includono tutti gli elementi che contraddistinguono la leadership aziendale [3].

Come si può immaginare, la "scoperta" degli standard ESG non è un'idea del tutto innovativa, bensì è un concetto che è stato già trattato in passato. Sin dal 1984, Edward Freeman, con la teoria degli stakeholder, manifestò una sua netta opposizione alla concezione del *profit first mover* elaborata da Milton Friedman sottolineando che l'impresa possiede una responsabilità verso ogni componente del sistema che risulta influenzata dalle sue operazioni aziendali e manageriali. Successivamente, Elkington, nel 1994, con la "*Triple Bottom Line*" indicando un insieme costituito da "persone", "pianeta" e "profitti" [4], ha introdotto una prima identificazione degli elementi di base dell'attuale nozione ESG. Recentemente la Business Roundtable, un'associazione americana manageriale senza fini di lucro, ha affermato che il vero scopo di un'organizzazione aziendale è "supportare le comunità in cui opera". A tal fine e considerando le inclinazioni dei manager coinvolti nelle aziende sanitarie, visti, in letteratura, come "esperti amministratori della comunità", si ritiene che gli stessi abbiano a disposizione non solo tutti quegli strumenti utili anche ad altre realtà aziendali per districare i difficili e aggrovigliati intrecci tra le problematiche relative ai temi ESG, ma possiedano an-

---

R. El Khoury, N. Nasrallah, A. Toumi (2022), *ESG and performance in public health-care companies: the role of disclosure and director liability*, Competitiveness Review: An International Business Journal.

[3] R. Krishnamoorthy (2021), *Environmental, social, and governance (ESG) investing: Doing good to do well*, Open Journal of Social Sciences, Vol. 9, No. 7, pp. 189-197.

M. Abela, (2022), *A new direction? The "mainstreaming" of "sustainability reporting"*, Sustainability Accounting, Management and Policy Journal, Vol. 13, No. 6, pp. 1261-1283.

[4] "persone", "pianeta" e "profitti" è la traduzione letterale dei tre elementi cardine che costituiscono la *triple bottom line*. Per un ulteriore approfondimento, si vedano: J. Elkington (1997), *The triple bottom line*, Environmental management: Readings and cases, Vol. 2, pp. 49-66.

H. Alhaddi (2015), *Triple bottom line and sustainability: A literature review*, Business and Management studies, Vol. 1, No. 2, pp. 6-10.

che le skill necessarie ad ideare possibili iniziative volte a risolvere tali questioni [5].

Scomponendo il gruppo ESG, strettamente connesso tra tutte le sue variabili, è possibile mettere in evidenza la presenza di due principali prospettive: in che modo la leadership operante nell'azienda sanitaria e gli ESG sono (o potrebbero essere) combinati [6], e se i manager operanti nel contesto aziendale sanitario, hanno già elaborato tattiche ESG proprie delle logiche di mercato [7]. Rilevare tali prospettive è tanto più complesso quanto più è alta la numerosità di componenti che costituiscono i temi ambientali, sociali e di governance. In particolare, la governance necessita di criteri, inclusi in standard o linee guida, che un'azienda deve utilizzare per valutare e sviluppare le pratiche aziendali. Inoltre, le aziende sanitarie devono aderire soprattutto a quei criteri di governance utili non solo a dimostrare il proprio impegno e la propria responsabilità verso tali tematiche, ma anche che gli facilitino l'implementazione di pratiche sostenibili all'interno dei processi aziendali [8].

Alla luce di quanto sopra, anche la definizione stessa di governance può essere correlata alla definizione degli indirizzi aziendali ed al monitoraggio dei suoi progressi [9]. Ne consegue che i manager devono opportunamente considerare i cambiamenti che derivano dagli assetti istituzionali, dal panorama aziendale, dalle opportunità e dai rischi. La governance dell'azienda sanitaria deve fare in modo che i manager si sentano supportati in ogni mo-

---

[5] A. HOFMEYER, P.B. MARCK (2008), *Building social capital in healthcare organizations: thinking ecologically for safer care*, Nursing Outlook, Vol. 56, No. 4, pp. 145-e1.

S. FANELLI, C. DONELLI, F.P. SALVATORE, A. ZANGRANDI (2022), *Migliorare la performance nelle aziende sanitarie pubbliche: il contributo dei professionisti-manager*, Mecosan-Management ed Economia Sanitaria-Open Access, Vol. 122.

[6] C.J. SAMPSON (2023), *Unlocking ESG in Healthcare: Governance Holds the Key*, Frontiers of Health Services Management, Vol. 39, No. 3, pp. 1-4.

[7] M. CERCIELLO, F. BUSATO, S. TADDEO (2023), *The effect of sustainable business practices on profitability. Accounting for strategic disclosure*, Corporate Social Responsibility and Environmental Management, Vol. 30, No. 2, pp. 802-819.

[8] S. SCHALTEGGER, E.G. HANSEN, F. LÜDEKE-FREUND (2016), *Business models for sustainability: Origins, present research, and future avenues*, Organization & Environment, Vol. 29, pp. 3-10.

M.P. PIERONI, T. MCALOONE, D.A. PIGOSSO (2019), *Business model innovation for circular economy and sustainability: A review of approaches*, Journal of Cleaner Production, Vol. 215, pp. 198-216.

[9] A. LAI, A. LIONZO, R. STACCHEZZINI, F. ROSSIGNOLI (2015), *Dall'impresa al network. Profili di governance e modelli di business*, FrancoAngeli, Milano.

mento dell'agire aziendale e deve coadiuvarli nel concentrarsi sugli orizzonti di lungo termine anche se il breve periodo oggetto dei reporting non risulti dei migliori [10].

A ben vedere, i fattori ESG non sono importanti solo per l'azienda in sé ma anche per i suoi stakeholder [11]. In effetti, alla base della responsabilità fiduciaria aziendale vi è la necessità che i Consigli di amministrazione considerino i pareri di tutti gli stakeholder, anche quelli che potrebbero non generare molta influenza, ma che, comunque, potrebbero essere cruciali per sviluppare le giuste strategie, come le associazioni dei dipendenti o le comunità locali [12]. La governance è proattiva e intelligente se ricerca e studia le prospettive degli stakeholder che pensano in modo innovativo e supportano uno sviluppo o una soluzione ad un problema precedentemente trascurato. Agendo in tale maniera, anche nell'azienda sanitaria si possono identificare e affinare nuove strategie organizzative adatte a supportare l'applicazione dei fattori ESG all'interno dei contesti assistenziali [13].

In questo capitolo sono stati approfonditi vari parametri qualitativi e quantitativi relativi al *sustainability reporting* e sono stati consultati differenti set di indicatori, standard e framework ESG ai fini di una definizione e conseguente miglioramento generale di valutazione dei processi dell'azienda sanitaria.

L'obiettivo principale del lavoro empirico di seguito esposto è stato quello di identificare un elenco di indicatori che l'azienda sanitaria, al pari di al-

---

[10] J.L. DENIS, N. VAN GESTEL (2015), *Leadership and innovation in healthcare governance*, The Palgrave international handbook of healthcare policy and governance, pp. 425-440.

A.V. LOPES, J.S. FARIAS (2022), *How can governance support collaborative innovation in the public sector? A systematic review of the literature*, International Review of Administrative Sciences, Vol. 88, No. 1, pp. 114-130.

[11] A. RAGHUNANDAN, S. RAJGOPAL (2022), *Do ESG funds make stakeholder-friendly investments?*, Review of Accounting Studies, Vol. 27, No. 3, pp. 822-863.

[12] S.C. ATHERTON, M.S. BLODGETT, C.A. ATHERTON (2011), *Fiduciary principles: corporate Responsibilities to Stakeholders*, Journal of Religion and Business Ethics, Vol. 2, No. 2.

J. ANDRIOF, S. WADDOCK, B. HUSTED, S. RAHMAN (2017), *Unfolding stakeholder thinking: Theory, responsibility and engagement*, Routledge, London.

[13] D. JAMALI, M. HALLAL, H. ABDALLAH (2010), *Corporate governance and corporate social responsibility: evidence from the healthcare sector*, Corporate Governance: The international journal of business in society.

S.C. MASEFIELD, A. MSOSA, J. GRUGEL (2020), *Challenges to effective governance in a low income healthcare system: a qualitative study of stakeholder perceptions in Malawi*, BMC health services research, Vol. 20, No. 1, pp. 1-16.

tre organizzazioni obbligatoriamente soggette alla recente normativa del 2022, la CSRD, potrebbe utilizzare nei propri sistemi di reporting al fine di essere quanto più conforme possibile alle nuove richieste di informazioni ESG contenute nella CSRD. In quest'ottica, per misurare la performance dell'azienda sanitaria in termini ESG, è stata sviluppata e approfondita una lista di indicatori chiave di performance (KPI). Per testare l'approccio proposto in questo studio empirico, sono state effettuate interviste e colloqui con esperti e manager delle aziende sanitarie al fine di ottenere quante più informazioni possibili utili ad identificare correttamente gli indicatori.

Il paragrafo seguente fornisce una panoramica del sistema di reporting adottato dalle aziende sanitarie, un cenno alla normativa CSRD e ai requisiti ESG. La successiva sezione espone la metodologia utilizzata. Di seguito vengono poi mostrati i risultati ottenuti dalle interviste svolte con gli stakeholder, mirando ad identificare gli aspetti maggiormente significativi dei fattori ESG, classificando per ciascuna sezione dei KPI. Infine, alla luce dei risultati ottenuti, l'ultima sezione si concentra sul discutere come una checklist utile per predisporre il reporting di sostenibilità dell'azienda sanitaria possa supportarla per essere conforme alle richieste delle recenti disposizioni europee.

4.2. *L'obiettivo della rendicontazione nelle aziende sanitarie e le nuove prospettive ESG nel* sustainability reporting

Con "sistema di reporting" si intende un processo strutturato che descrive, in termini quali-quantitativi, l'attività svolta da un'azienda sanitaria, la struttura operativa aziendale, che sia ospedaliera o territoriale, e le caratteristiche dell'erogazione dell'assistenza sanitaria con l'obiettivo di migliorarne l'efficacia e l'efficienza [14]. Il sistema di reporting delle aziende sanitarie è

---

[14] R.M. WACHTER (ed.) (2012), Chapter 14. *Reporting systems, root cause analysis, and other methods of understanding safety issues*, Understanding Patient Safety, 2nd edition, McGraw Hill, London. Per un ulteriore approfondimento, si prega di consultare il seguente link: https://accessmedicine.mhmedical.com/content.aspx?bookid=396&sectionid=40414548.

P.J. PRONOVOST, L.L. MORLOCK, J.B. SEXTON, M.R. MILLER, C. HOLZMUELLER, D.A. THOMPSON, A.W. WU (2008), *Improving the value of patient safety reporting systems*, Advances in Patient Safety: New Directions and Alternative Approaches (Vol. 1: Assessment). Publisher: Agency for Healthcare Research and Quality, Editors: Kerm Henriksen, James B. Battles, Margaret A. Keyes, Mary L. Grady.

J. BROWN, J. DILLARD (2014), *Integrated reporting: On the need for broadening out and*

uno strumento utile per il controllo di gestione poiché con i sistemi di contabilità analitica e di monitoraggio delle prestazioni, fornisce la possibilità di valutare i parametri di efficacia ed efficienza dell'azienda nel suo complesso [15].

L'obiettivo del reporting è quello di informare i diversi operatori sulle implicazioni delle loro decisioni in termini di risorse utilizzate e risultati ottenuti, al fine di responsabilizzarli e indirizzarli verso l'adozione di scelte allocative mirate a massimizzarne l'efficienza e l'efficacia [16]. Pertanto, nel progettare un sistema di reporting per le aziende sanitarie è fondamentale identificare i destinatari di tali report, individuando, in modo puntuale, tutti i livelli gerarchici che, posti su differenti livelli aziendali, agiscono nei processi decisionali e che possono, dunque, influenzare non solo la quantità di risorse richieste, ma anche i metodi utilizzati per ciascun servizio (che sia intermedio o finale) oggetto di attività di rendicontazione.

Una volta individuati i destinatari, è necessario stabilire per ciascuno di essi gli obiettivi di utilizzo delle informazioni sulla base dei quali dovranno essere definiti il contenuto e la periodicità della predisposizione delle reportistiche [17]. Oltre al contenuto, determinante è anche la scelta della forma e della presentazione (*editing*) di tali resoconti per l'impatto che queste variabili hanno sul grado di intelligibilità e di concreta fruizione da parte dei destinatari [18].

Come riportato in letteratura, quando si definisce un sistema di *reporting* per un'azienda sanitaria, dovrebbero essere presi in considerazione i seguenti elementi [19]:

---

opening up, Accounting, Auditing & Accountability Journal, Vol. 27, No. 7, pp. 1120-1156, http://dx.doi.org/10.1108/AAAJ-04-2013-1313.

[15] M. GATTI, M.S. CHIUCCHI, M. MONTEMARI (2018), *Management control systems and integrated reporting: Which relationships? The case of the Azienda Ospedaliero Universitaria Ospedali Riuniti Ancona*, International Journal of Business and Management, Vol. 13, No. 9, pp. 169-181.

[16] M. GATTI, M.S. CHIUCCHI, M. MONTEMARI (2018), *op. cit.*

R.M. WACHTER (ed.) (2012), *op. cit.*

C.A. ADAMS (2017), *Conceptualising the contemporary corporate value creation process*, Accounting, Auditing & Accountability Journal, Vol. 30, No. 4, pp. 906-931.

[17] A. QUAGLI, K. CORSI, S. TRUCCO (eds.) (2021), *Bilancio ed informativa economico-sociale*, Vol. 4, Giappichelli, Torino.

[18] D.W. YOUNG (2004), *Management accounting in health care organizations*, John Wiley & Sons, London.

D. PFLUEGER (2015), *Accounting for quality: on the relationship between accounting and quality improvement in healthcare*, BMC Health Services Research, Vol. 15, pp. 1-13.

[19] J.R. CLARKE, J.C. LERNER, W. MARELLA (2007), *The role for leaders of health care organizations in patient safety*, American journal of medical quality, Vol. 22, No. 5, pp. 311-318.

- aspetti formali (norme, procedure codificate, regolamenti);
- aspetti organizzativi (linee gerarchiche);
- risorse produttive (personale, strumenti, tecnologie);
- sistema informativo (modalità di raccolta delle informazioni);
- sistema di valutazione (attendibilità dei dati ed elaborazione).

Per quanto riguarda, invece, i prerequisiti di un sistema di *reporting*[20], essi sono:

- la definizione dei centri di costo, i quali sono un oggetto del controllo di gestione e che rappresentano nelle unità organizzative un *monitoring* della spesa che concorre ad assicurare una corretta erogazione dei servizi dell'assistenza sanitaria;
- l'individuazione dei centri di responsabilità per ciascuna unità organizzativa;
- la presenza di un sistema strutturato di raccolta e monitoraggio delle informazioni attraverso i flussi informativi. L'informazione costituisce una parte integrante della produzione e rappresenta sia una risorsa (costo relativo ad alimentare i flussi informativi espresso in termini di: tempo di operatività del personale, costo di acquisto e gestione dei sistemi informativi, costo di elaborazione delle informazioni) sia un risultato (un possibile ricavo/beneficio).

In sostanza, i report, attraverso il loro contenuto, devono poter consentire a ciascun destinatario di[21]:

G. Grossi, K.M. Kallio, M. Sargiacomo, M. Skoog (2020), *Accounting, performance management systems and accountability changes in knowledge-intensive public organizations: a literature review and research agenda*, Accounting, Auditing & Accountability Journal, Vol. 33, No. 1, pp. 256-280.

D.M. Eng, S.J. Schweikart (2020), *Why accountability sharing in health care organizational cultures means patients are probably safer*, AMA Journal of Ethics, Vol. 22, No. 9, pp. 779-783.

[20] J.J. Burke, C.E. Clark (2016), *The business case for integrated reporting: Insights from leading practitioners, regulators, and academics*, Business Horizons, Vol. 59, No. 3, pp. 273-283.

C. Busco, M.L. Frigo, P. Quattrone, A. Riccaboni (2013), *Integrated Reporting. Concepts and cases that Redefine Corporate Accountability*, Springer, London.

A. Puţan, O.R. Ivan, A. Tamas (2017), *Cost Centers from Hospital Units. Study Case*, Valahian Journal of Economic Studies, Vol. 8, No. 1.

[21] N. Kraetschmer, J. Jass, C. Woodman, I. Koo, S.K. Kromm, R.B. Deber (2014), *Hospitals' internal accountability*, Healthcare Policy, Vol. 10, No. SP.

- individuare e analizzare le anomalie operative che possono essere evidenziate valutando gli scostamenti tra la previsione programmata ed il consuntivo o confrontando i dati raccolti nel tempo (benchmarking interno o tra strutture omogenee) o, ancora, confrontandoli con standard definiti;
- predisporre ed attuare interventi volti a correggere le deviazioni e raggiungere gli obiettivi assegnati;
- supportare la pianificazione e la proposta degli interventi (negoziazione degli obiettivi);
- attuare la pianificazione operativa e definirne le tempistiche.

La redazione di tali reportistiche può avere tempistiche diverse a seconda delle finalità informative: possono essere sistematiche se approfondiscono particolari aspetti gestionali, oppure essere oggetto di analisi ed elaborazioni specifiche.

In Italia, alcuni esempi di attività di rendicontazione del Sistema Sanitario Nazionale sono:

- Il Programma Nazionale di Valutazione degli Esiti, coordinato da Agenas in collaborazione con il Ministero della Salute e le Regioni analizza le prestazioni erogate dalle aziende sanitarie pubbliche e private. Valuta l'efficacia operativa, l'appropriatezza clinico-organizzativa, la sicurezza e l'equità di accesso alle cure, attraverso lo studio della variabilità (analisi comparativa) dei processi e degli esiti sanitari garantiti dal Servizio Sanitario Nazionale nell'ambito dei Livelli Essenziali di Assistenza. Il Programma si basa sull'utilizzo di indicatori di performance (indicatori di processo e di risultato dell'assistenza sanitaria) per misurare la qualità dell'assistenza erogata e favorire il confronto finalizzato al miglioramento.
- I sistemi di reporting regionale relativi all'assistenza farmaceutica per il monitoraggio sia della spesa farmaceutica che dell'appropriatezza delle prescrizioni dei farmaci rimborsabili dal Servizio Sanitario Nazionale (come sancito dalla Legge 425/1996, art. 1).

Il 16 dicembre 2022 è stato pubblicato sulla Gazzetta Ufficiale dell'Unione Europea il testo della Direttiva (UE) 2022/2464 del Parlamento Europeo e del Consiglio del 14 dicembre 2022, che modifica diversi precedenti Regolamenti in materia di rendicontazione di sostenibilità. Come già richiamato nei capitoli precedenti, la suddetta Direttiva ha introdotto: specifici obblighi in materia di revisione legale dei conti degli enti di interesse pubblico; armonizzazione degli obblighi di trasparenza relativi alle informazioni sugli emittenti i cui titoli sono ammessi alla negoziazione in un mercato regolamentato; attività di revisione legale dei conti e attività di reporting di sostenibilità aziendale.

L'obiettivo della Direttiva 2022/2464 (CSRD) è "*filling the gaps in the current rules on the communication of non-financial information that was of insufficient quality to allow investors to keep duly taken into account*". A tal fine è possibile asserire che essa si contestualizza in un'ottica di transizione verso un'economia sostenibile perseguendo l'obiettivo di aumentare la trasparenza delle comunicazioni aziendali verso cittadini, consumatori e investitori, limitando le pratiche di *greenwashing*.

La Direttiva, quindi, mira espressamente a ridurre il divario tra le esigenze informative degli stakeholder e le informazioni sulla sostenibilità fornite dalle imprese, armonizzando il *sustainability reporting* a livello europeo. Per quanto riguarda i rischi di deficit informativo, la sottosezione n.14 evidenzia che: "*The aggregation of multiple investment decisions that do not take adequate account of sustainability-related risks has the potential to create systemic risks that threaten financial stability. The European Central Bank (ECB) and international organizations, such as the Financial Stability Board, have drawn attention to those systemic risks, in particular as regards climate*" [22].

Inoltre, tra gli obiettivi della CSRD rientrano le crescenti esigenze informative degli stakeholder, determinate dalla mutevole natura dei rischi a cui le aziende sono esposte e dalla crescente consapevolezza degli investitori riguardo alle implicazioni finanziarie di tali rischi, soprattutto con riferimento agli aspetti climatici cui i rischi finanziari sono connessi. A ben vedere, la CSRD affronta questioni relative alla crescente consapevolezza dei rischi e delle opportunità che altre questioni ambientali, come la perdita di biodiversità e le questioni sanitarie e sociali, compreso il lavoro minorile, comportano per le imprese e per gli investimenti. Per questo motivo risulta necessaria una maggiore capacità informativa, determinata anche dalla crescita di prodotti di investimento che puntano esplicitamente a rispettare alcuni principi di sostenibilità e a garantire coerenza con quanto auspicato dall'Accordo di Parigi adottato nell'ambito della Convenzione quadro delle Nazioni Unite sui cambiamenti climatici del 12 dicembre 2015, con la Convenzione delle Nazioni Unite sulla diversità biologica e con le politiche europee [23].

---

[22] Così come espressamente citato dalla Direttiva 2022/2464.

[23] P. DE GIOIA-CARABELLESE (2023), *CSRD and CSDD: How the Sustainability Regula-*

Indubbiamente le novità introdotte dalla CSRD in tema di *reporting* aziendale sono molteplici e diversificate.

Innanzitutto, la CSRD rafforza ulteriormente il ruolo del *Management Commentary* che diventa centrale nel contesto della divulgazione ESG a livello europeo. La Direttiva, infatti, elimina la possibilità di pubblicare informazioni relative alla sostenibilità in un report differente dal *Management Commentary*, come precedentemente era consentito dalla Direttiva sull'informativa non finanziaria (Direttiva 2014/95/UE, "NFRD").

L'art. 1 della CSRD, in sostituzione dell'art. 19 bis della Direttiva 2013/34/UE, richiede espressamente che i soggetti rientranti nell'ambito di applicazione della CSRD includano nel *Management Commentary* tutte le informazioni necessarie a comprendere l'impatto dell'agire aziendale sui temi di sostenibilità, nonché tutte le informazioni necessarie per comprendere il modo in cui le questioni di sostenibilità influenzano la performance dell'azienda, i suoi risultati ed il suo contesto. Tali informazioni devono essere chiaramente identificabili nel *Management Commentary*, attraverso un'apposita sezione inclusa nello stesso. Ne consegue che il *Management Commentary*, nel nuovo scenario di rendicontazione europea delineato dalla CSRD, soddisfa pienamente sia le esigenze informative più "tradizionali" di carattere economico-finanziario, sia quelle di sostenibilità ambientale, sociale, di governance, le politiche e le strategie aziendali in tutti i settori d'azione[24]. Pertanto, lo si può identificare come un documento decisamente nuovo e molto più ampio rispetto a quanto originariamente prefigurato dal legislatore italiano.

La CSRD ha, inoltre, aumentato significativamente il numero di aziende soggette agli obblighi di rendicontazione di sostenibilità rispetto a quanto richiesto dalla NFRD. Infatti, l'art. 1 della CSRD ne individua l'ambito di applicazione nelle grandi e nelle piccole e medie imprese, ad eccezione delle microimprese che rientrano tra gli enti di interesse pubblico. Si tratta, quindi, di una gamma di società o gruppi comunitari quotati e privati, comprese le filiali di società madri extracomunitarie che soddisfano i criteri normativi.

Come indicato dalla CSRD all'art. 1, nel *Management Commentary* devono essere individuate le seguenti informazioni[25]:

---

tory Evolution Impacts on Sustainable and Green Investments, European Company Law, Vol. 20, No. 3.

[24] F. VITOLLA, M. RUBINO (2013), *Il reporting socio-ambientale e di sostenibilità: Contenuti della disclosure e qualità delle informazioni*, EGEA, Milano.

[25] E. ČULINOVIĆ-HERC (2023), *Navigating the corporate sustainability challenge-*

- una breve descrizione del modello di business e della strategia aziendale, inclusi: la resilienza del modello di business e della strategia dell'azienda rispetto ai rischi associati alle questioni di sostenibilità; le opportunità per l'azienda/gruppo aziendale legate alle tematiche di sostenibilità; i piani aziendali/del gruppo, comprese le azioni di implementazione e i relativi piani finanziari e di investimento, per garantire che il modello di business e la strategia aziendale siano compatibili con la transizione verso un'economia più sostenibile e con la limitazione del riscaldamento globale in linea con l'Accordo di Parigi ai sensi della Convenzione quadro delle Nazioni Unite sui Cambiamenti climatici (2015) e con l'obiettivo di raggiungere la neutralità climatica entro il 2050 come previsto dal Regolamento (UE) 2021/1119 del Parlamento Europeo e del Consiglio e, ove opportuno, indicare l'esposizione delle attività aziendali legate all'utilizzo del carbone, del petrolio e del gas; il modo in cui il modello di business e la strategia dell'azienda/gruppo aziendale tengono conto degli interessi dei propri stakeholder e del loro impatto sulle questioni di sostenibilità; le modalità di implementazione della strategia aziendale/del gruppo rispetto ai temi di sostenibilità;
- una descrizione degli obiettivi con scadenza temporale relativi alle questioni di sostenibilità identificate, compresi gli obiettivi complessivi di riduzione delle emissioni di gas serra per il 2030 ed il 2050;
- una descrizione del ruolo degli organi di amministrazione, gestione e controllo in relazione alle tematiche di sostenibilità;
- una descrizione delle informazioni relative all'esistenza di sistemi di incentivazione legati a tematiche di sostenibilità e destinati ai componenti degli organi di amministrazione, direzione e controllo;
- una descrizione sia dei principali rischi per l'azienda/gruppo aziendale legati alle tematiche di sostenibilità che delle modalità di gestione adottate.

Nell'ottica di integrare l'informazione tecnico contabile-finanziaria con quella di sostenibilità all'interno del *Management Commentary*, la CSRD precisa che le informazioni sopra elencate devono contenere, ove necessario, anche dei riferimenti agli importi iscritti nel bilancio annuale, nonché ulteriori dettagli circa gli stessi.

Tra le altre significative novità introdotte dalla CSRD, vi è la previsione

---

Proposal for a Directive on corporate sustainability due diligence in the EU regulatory arena, SSRN-4421152.

che l'informativa di sostenibilità debba essere redatta secondo specifici standard di rendicontazione – *sustainability reporting principles* – il cui trattamento è stato delegato all'European Financial Reporting Advisory Group (EFRAG) che rappresenta il Gruppo del Comitato Tecnico consultivo della Commissione europea [26]. Inoltre, la rendicontazione di sostenibilità deve essere considerata un elemento di garanzia che ponga l'obiettivo di rafforzare l'affidabilità delle informazioni ivi riportate seguendo un percorso già tracciato dalla revisione del bilancio separato e consolidato [27]. In realtà, il legislatore italiano ha già anticipato tale scelta in sede di recepimento della NFRD prevedendo l'obbligo di certificazione della DNF nel D.lgs. 254/2016, come precedentemente citato [28].

Per quanto riguarda l'entrata in vigore, l'art. 5 della CSRD prevede che il recepimento da parte degli Stati membri avvenga con tempistiche che consentano loro la corretta applicazione delle norme in materia di rendicontazione di sostenibilità:

- agli enti di interesse pubblico già soggetti all'obbligo di DNF ai sensi della NFRD a partire dagli esercizi che sono iniziati dal 1° gennaio 2024;
- a tutte le altre società di grandi dimensioni per gli esercizi che inizieranno dal 1° gennaio 2025 o da data successiva;
- alle PMI quotate e agli altri soggetti annoverati nell'insieme allargato delle PMI che siano enti di interesse pubblico (ad eccezione delle microimprese) per gli esercizi che inizieranno dal 1° gennaio 2026 o successivamente.

Infine, tutti gli Stati membri saranno tenuti a recepire la CSRD entro il 6 luglio 2024.

4.3. *Materiali e approccio metodologico*

Lo sviluppo e la selezione da parte di un'azienda sanitaria degli indicatori ESG è un processo relativamente complesso a causa della loro natura multi-

---

[26] H. Stolowy, L. Paugam (2023), *op. cit.*

[27] E. Čulinović-Herc (2023), *op. cit.*

E. Partiti (2023), *From Disclosures to Classification Regime and Sustainability Due Diligence*, Tackling the Flaws of the Sustainable Finance Disclosure Regulation.

[28] A. Venturelli, F. Caputo (2017), *Informativa non finanziaria e regulation. Tendenze evolutive e relative implicazioni alla luce dell'emanazione del D. Lgs 254/16*, McGraw-Hill, Milano.

funzionale [29]. Tali indicatori, come visto, riflettono un'ampia gamma di questioni ambientali, sociali e di governance, mostrano le loro tendenze nel tempo, prevedono i possibili cambiamenti e influenzano le decisioni e le prestazioni manageriali [30]. Di conseguenza, la loro scelta dovrebbe essere supportata da un reale ed efficace processo di validazione.

Sebbene in letteratura siano stati suggeriti diversi metodi per la selezione degli indicatori (ad esempio quelli individuati negli studi di: Hammond *et al.* (1995) [31] e UNECE/OCSE/Eurostat (2008) [32]), i due principali approcci per effettuare tale scelta sono di tipo *top-down* e *bottom-up*.

L'approccio *top-down* si basa sulla categorizzazione degli indicatori provenienti dalla revisione della letteratura (ad esempio contributi scientifici, studi, commenti e rapporti) e sul restringimento del campo ad un insieme finale significativo degli stessi. Invece, l'approccio *bottom-up* consiste nell'identificare una serie di indicatori dalle proposte effettuate dagli stakeholder del settore in base alla loro percezione delle questioni aziendali [33].

La metodologia seguita in questo studio empirico è principalmente legata al secondo approccio poiché facilita il raggiungimento del seguente obiettivo: identificare gli indicatori che l'azienda sanitaria, come altre aziende obbligatoriamente soggette all'applicazione della recente normativa CSRD, potrebbe utilizzare nel proprio *sustainability reporting* al fine di essere il più possibile conforme alle nuove richieste di informativa ESG.

Per raggiungere questo obiettivo sono stati coinvolti differenti professionisti da diverse località italiane distribuite tra Nord, Centro e Sud Italia e selezionati in base alle loro funzioni, skills e competenze vantate nelle rispettive organizzazioni. Nello specifico, sono stati inclusi esperti manager delle aziende sanitarie, professionisti, contabili, dipendenti delle aziende sanitarie,

---

[29] E.M. Veenstra, N. Ellemers (2020), *ESG indicators as organizational performance goals: Do rating agencies encourage a holistic approach?*, Sustainability, Vol. 12, No. 24.

[30] G. Giese, Z. Nagy, L.E. Lee (2021), *Deconstructing ESG ratings performance: Risk and return for E, S, and G by time horizon, sector, and weighting*, The Journal of Portfolio Management, Vol. 47, No. 3, pp. 94-111.

[31] A.L. Hammond, World Resources Institute (1995), *Environmental indicators: a systematic approach to measuring and reporting on environmental policy performance in the context of sustainable development (Vol. 36)*, World Resources Institute, Washington, DC.

[32] UNECE/OECD/Eurostat (2008), *Measuring Sustainable Development*, disponibile al seguente link: https://www.oecd.org/greengrowth/41414440.pdf.

[33] A. Chamaret, M. O'Connor, G. Récoché (2007), *Top-down/bottom-up approach for developing sustainable development indicators for mining: Application to the Arlit uranium mines (Niger)*, International Journal of Sustainable Development, Vol. 10, No. 1/2, pp. 161-174.

esperti ESG ed esperti di organizzazione aziendale (in attività presso aziende sanitarie di natura pubblica e privata). Tutti gli esperti sono stati contattati personalmente individuando recapiti telefonici e/o indirizzi e-mail via web presso le rispettive organizzazioni di appartenenza (quali: Ministero della Salute, Aziende Sanitarie Locali, Aziende Ospedaliere, Università, Istituti di ricerca sanitaria ed altri).

In totale, sono state condotte 55 interviste durante le quali gli esperti coinvolti hanno fornito le loro opinioni e suggerimenti su come applicare i fattori ESG nelle aziende sanitarie nel modo più efficiente possibile. L'applicazione di questa metodologia ha portato all'ottenimento di linee guida ed indicatori applicabili all'interno di un contesto aziendale sanitario.

4.4. *Risultati*

Attraverso le analisi applicate alle interviste ottenute dagli stakeholder coinvolti, è possibile affermare che per essere il più confacenti possibili alle richieste ESG contenute nella CSRD, un'azienda sanitaria dovrebbe considerare i seguenti aspetti.

Area Ambiente (E):

- Valutare e divulgare gli impatti ambientali; identificare e misurare gli impatti ambientali dell'azienda sanitaria, come il consumo energetico, le emissioni di gas serra, la produzione di rifiuti e l'utilizzo dell'acqua. In altri termini, un'azienda sanitaria dovrebbe riferire su questi impatti al fine di rendicontarli e stabilire differenti obiettivi per ridurre la propria impronta ambientale.
- Implementare pratiche sostenibili; un'azienda sanitaria deve facilitare l'adozione di pratiche sostenibili al fine di ridurre al minimo i danni ambientali. Ciò potrebbe includere l'adeguamento di infrastrutture già esistenti ma poco efficienti dal punto di vista energetico, l'implementazione di strategie di gestione dei rifiuti, l'utilizzo di misure di conservazione della risorsa idrica ed il lancio di differenti iniziative di prevenzione dell'inquinamento.

Un'azienda sanitaria può adottare varie misure per ridurre la propria impronta ambientale. Ad esempio, potrebbe adottare una strategia finalizzata al miglioramento dell'efficienza energetica mediante l'implementazione di molteplici iniziative di risparmio energetico come l'aggiornamento dei sistemi di illuminazione in termini di efficientamento energetico, l'ottimizzazione dei sistemi HVAC e l'utilizzo di sistemi di gestione che consentono di monitorare e controllare il consumo energetico. Inoltre, un'azienda sanitaria potrebbe adottare una strategia volta a migliorare la gestione dei rifiuti attraverso lo sviluppo di adeguati programmi basati sul modello delle 3R dell'economia circolare: ridurre, riutilizzare e riciclare i rifiuti generati. Ciò può includere l'implementazione di adeguate pratiche di smistamento, l'ottimizzazione dei processi di riciclaggio e la riduzione al minimo degli articoli monouso. Un'altra strategia che potrebbe essere adottata è quella diretta ad incoraggiare un utilizzo responsabile dell'acqua all'interno dell'azienda tramite l'implementazione di impianti idraulici più efficienti, lo sviluppo di sistemi di recupero dell'acqua e la promozione di campagne di sensibilizzazione.

Un'altra buona pratica che permetterebbe di rispondere alle richieste ambientali incluse nella CSRD è quella di incorporare i principi di progettazione sostenibile nella costruzione o nella ristrutturazione delle strutture di cura. Ciò comporterebbe l'utilizzo di materiali eco-compatibili, l'ottimizzazione delle tecniche di illuminazione naturale e l'implementazione di sistemi efficienti di riscaldamento e raffreddamento. Infine, un approvvigionamento sostenibile potrebbe aiutare l'azienda sanitaria a dare priorità ad un rifornimento di prodotti e servizi rispettosi dell'ambiente, come apparecchiature mediche ad alta efficienza energetica, prodotti sostenibili per la pulizia e prodotti farmaceutici a basso impatto.

Area Sociale (S):

- Garantire la sicurezza e il benessere del paziente; è necessario enfatizzare la sicurezza del paziente e la qualità dell'assistenza anche negli strumenti di *reporting* aziendale, attraverso lo sviluppo e l'implementazione di procedure che permettano di mantenere elevati standard di erogazione dell'assistenza sanitaria, di tutelare la privacy del paziente e proteggere i relativi dati, nonché di gestire efficacemente i reclami ed i feedback rilasciati dai pazienti.
- Promuovere la diversità e l'inclusione; occorre promuovere un ambiente di lavoro diversificato e inclusivo e che garantisca pari opportunità a tutti i dipendenti attraverso l'implementazione di politiche che prevengano la discriminazione, promuovano la diversità nelle pratiche di assunzione e promozione e sostengano il benessere dei dipendenti.

Garantire la sicurezza ed il benessere dei pazienti e promuovere la diversità e l'inclusione sono entrambe priorità fondamentali per le aziende sanitarie che potrebbero essere sviluppate considerando alcune strategie. Ad esempio, implementare ed aderire a standard di qualità e sicurezza stabiliti dagli organismi di accreditamento o dalle agenzie di regolamentazione potrebbe aiutare l'azienda sanitaria ad ottenere una migliore visibilità. Ciò include il mantenimento di una documentazione adeguata, lo svolgimento di audit e valutazioni regolari e l'implementazione di eventuali azioni correttive. Un'altra strategia potrebbe essere quella di sviluppare ed implementare nell'assistenza sanitaria dei protocolli completi di prevenzione e controllo che riducano al minimo il rischio di infezioni. Ciò include la promozione delle pratiche di igiene delle mani, la condivisione dell'uso appropriato dei dispositivi di protezione individuale, il supporto di procedure efficaci di sterilizzazione e disinfezione ed il monitoraggio e controllo delle malattie infettive.

Il fattore "*Social*" dell'ESG è focalizzato, in modo particolare, sull'assistenza centrata sul paziente attraverso una comunicazione efficace, un processo decisionale condiviso ed il rispetto delle preferenze e dei valori del paziente. Esso mira ad incoraggiare il personale a fornire tutte le istruzioni ed il supporto necessario ai pazienti e alle loro famiglie affinché possano partecipare attivamente nella pianificazione delle loro cure. Pertanto, tale fattore risulta correlato all'implementazione di processi che garantiscano pratiche terapeutiche sicure, tra cui la prescrizione, la distribuzione, la somministrazione ed il monitoraggio accurato dei farmaci. Quest'ultimo prevede l'impiego di pratiche di riconciliazione farmacologica, attività di formazione farmacologica ai pazienti e l'incentivazione a segnalare ed analizzare gli errori terapeutici. In definitiva, la formazione ed il *training* continuo degli operatori sanitari rappresentano una strategia utile al miglioramento delle loro competenze e conoscenze in materia di sicurezza e benessere dei pazienti. Ciò include il rimanere aggiornati sulle più recenti *best practice*, sui progressi compiuti dalla tecnologia sanitaria e sulla tutela dei pazienti.

Area Governance (G):

- Rafforzare la governance e la responsabilità del Consiglio di amministrazione; è necessario coinvolgere nei processi decisionali assunti a livello di leadership aziendale, delle figure professionali e dei responsabili che si occupino delle questioni legate alla sostenibilità e che garantiscano una supervisione efficace dei rischi e delle opportunità derivanti dall'osservanza degli standard ESG.
- Migliorare la trasparenza ed il coinvolgimento delle parti interessate; è

indispensabile rendere pubbliche le strutture della governance aziendale, le politiche associate allo sfruttamento delle opportunità ESG, nonché considerare tutti gli stakeholder (inclusi pazienti, dipendenti, fornitori e la comunità) al fine di comprendere le loro aspettative e (possibili) preoccupazioni riguardanti le questioni ESG.

Siccome la Direttiva CSRD introduce dei requisiti e delle linee guida specifici, è fondamentale che le aziende sanitarie li mettano in pratica poiché potrebbero influenzare i loro obblighi di rendicontazione di sostenibilità. Difatti, per garantire la conformità, le aziende dovrebbero monitorare attentamente gli aggiornamenti e le linee guida delle autorità di regolamentazione e chiedere consulenza professionale per allinearsi ai requisiti specifici di reporting delineati nella Direttiva CSRD.

Garantire uno sviluppo appropriato della governance e della responsabilità per le questioni di sostenibilità all'interno di un'azienda sanitaria implica una definizione chiara delle strutture, delle politiche e dei processi aziendali [34]. A tal fine, le strategie che un'azienda sanitaria dovrebbe considerare si concentrano su un coinvolgimento attivo da parte del Consiglio di amministrazione dell'azienda sulle questioni di sostenibilità, integrandole nei processi decisionali strategici. Ciò potrebbe includere l'assegnazione ed il riconoscimento di ruoli di responsabilità per la supervisione delle applicazioni corrette di sostenibilità, quali la definizione di obiettivi di sostenibilità e la revisione regolare dei progressi compiuti e delle prestazioni erogate.

Inoltre, la governance dovrebbe sviluppare attivamente politiche e framework di sostenibilità completi che delineino l'impegno dell'azienda nei confronti dei fattori ESG. Questi dovrebbero comprendere: la gestione ambientale, la responsabilità sociale, le pratiche etiche e la gestione del rischio. Quest'ultimo costituisce uno degli obiettivi principali della governance poiché correlato ai fattori ESG.

Nello specifico, è necessario integrare le considerazioni sulla sostenibilità nei processi di gestione del rischio delle aziende sanitarie. Pertanto, identificare e valutare i rischi e le opportunità ESG, definire strategie di mitigazione del rischio e monitorare e rendicontare periodicamente sui rischi legati alla

---

[34] V. DELL'ATTI, A.L. MUSERRA, S. MARASCA, R. LOMBARDI (2022), *Dalla crisi allo sviluppo sostenibile: principi e soluzioni nella prospettiva economico-aziendale*, FrancoAngeli, Milano.

F. BOSCO, C. DI GERIO, G. FIORANI, G. STOLA (2024), *How to manage sustainability in healthcare organizations? A processing map to include the ESG strategy*, Journal of Public Budgeting, Accounting & Financial Management.

sostenibilità dovrebbero essere solo alcune delle priorità della governance. Inoltre, l'implementazione di solidi controlli interni e la conduzione di audit periodici dovrebbero essere un'altra strategia da sviluppare per garantire conformità alle politiche ed alle procedure di sostenibilità. Ciò aiuterà ad identificare eventuali lacune, debolezze o problematiche di non conformità e consentirà l'applicazione di azioni correttive tempestive.

4.4.1. *Individuazione degli indicatori ESG*

In base a quanto proposto dagli stakeholder intervistati, è stato sviluppato un elenco di indicatori di performance da implementare in un'azienda sanitaria per il riconoscimento dei fattori ESG e per l'identificazione di possibili strategie da sviluppare in ciascuna area ESG (Tabella 1).

Tabella 1. – *Indicatori di performance classificati per area ESG*

Area ESG	Indicatore di performance	Descrizione	Misurazione	Target	Reporting
Ambiente	Intensità di consumo energetico	Misura la quantità di energia consumata per metro quadrato o per visita del paziente nella struttura sanitaria	Energia totale consumata (kWh)/Metratura totale o numero totale di visite dei pazienti	Ridurre l'intensità del consumo energetico del 10% rispetto all'anno precedente	Indicare il valore dell'indicatore e i progressi raggiunti nei report annuali di sostenibilità o nelle informative ESG
	Tasso di diversione dei rifiuti	Misura la percentuale di rifiuti deviati dalla discarica attraverso il riciclaggio, il riutilizzo o altre soluzioni rispettose dell'ambiente	(Peso totale dei rifiuti conferiti/Peso totale dei rifiuti prodotti) x 100	Raggiungere un tasso di diversione dei rifiuti del 75% entro un [anno target]	Indicare il tasso di diversione dei rifiuti e i progressi raggiunti nei report annuali di sostenibilità o nelle informative ESG
Sociale	Punteggio di soddisfazione del paziente	Misura il grado di soddisfazione del paziente rispetto alla qualità dell'assistenza e all'esperienza complessiva vissuta all'interno dell'azienda sanitaria	Punteggio medio basato su sondaggi sul grado di soddisfazione dei pazienti o su meccanismi di feedback (ad esempio, valutazioni su scala Likert, Net Promoter Score o altre scale appropriate)	Mantenere un punteggio di soddisfazione del paziente pari o superiore all'85%	Indicare il punteggio di soddisfazione del paziente e i progressi raggiunti nei report annuali di sostenibilità o nelle informative ESG

segue

Area ESG	Indicatore di performance	Descrizione	Misurazione	Target	Reporting
	Tasso di turnover dei dipendenti	Misura la percentuale di dipendenti che lasciano l'azienda in un determinato periodo di tempo.	(Numero di dipendenti che hanno lasciato l'azienda/Numero medio totale di dipendenti) x 100	Mantenere un tasso di turnover dei dipendenti inferiore alla media del settore o fissare un obiettivo specifico in base agli obiettivi organizzativi	Indicare il tasso di turnover dei dipendenti e i progressi raggiunti nei report annuali di sostenibilità o nelle informative ESG
Governance	Rapporto di diversità nella composizione del CdA	Misura la rappresentazione di background e prospettive diverse nel Consiglio di amministrazione aziendale	(Numero di amministratori di diversa provenienza/Numero totale di amministratori) x 100	Raggiungere un rapporto di diversità nel Consiglio di amministrazione di almeno il 30% entro un [anno target] (o fissare un obiettivo specifico in base agli obiettivi organizzativi)	Indicare il rapporto di diversità del CdA e i progressi raggiunti nei report annuali di sostenibilità o nelle informative ESG
	Conformità agli standard etici	Misura l'aderenza dell'azienda agli standard etici e alle linee guida	Numero di violazioni o infrazioni etiche segnalate/Numero totale di standard e linee guida etici in atto	Mantenere un tasso di conformità del 100% agli standard etici	Indicare il tasso di conformità ed eventuali casi di violazioni etiche nei report annuali di sostenibilità o nelle informative ESG

Per valutare i fattori ESG, le aziende sanitarie possono prendere in considerazione l'utilizzo di indicatori chiave di performance per monitorare e rendicontare le proprie prestazioni di sostenibilità. Attraverso le numerose interviste e colloqui svolti con gli stakeholder, sono stati sviluppati una serie di indicatori da poter includere nei reporting di sostenibilità delle aziende sanitarie in rispetto degli obiettivi e delle metriche ESG.

Come mostrato nella Tabella 1, l'indicatore "Intensità di consumo energetico" rappresenta un indicatore cruciale in quanto fornisce una misura quantificabile dell'efficienza energetica e consente all'azienda di monitorare i propri progressi nel tempo. Fissando obiettivi e rendicontando l'indicatore, l'azienda sanitaria è capace di dimostrare il proprio impegno nella riduzione degli impatti ambientali nel rispetto dei fattori ESG.

Il secondo indicatore proposto e incluso nella sezione "Ambiente", "Tasso di diversione dei rifiuti", è stato suggerito dagli stakeholder del settore per consentire alle aziende sanitarie di valutare la loro efficacia nella riduzione dei rifiuti e nella promozione di pratiche di gestione responsabile degli stessi. Monitorando la percentuale di rifiuti smaltiti in discarica, l'azienda può monitorare i progressi nel tempo e identificare opportunità di miglioramento. Il target stabilisce un obiettivo specifico verso cui lavorare e la rendicontazione dell'indicatore da parte dell'azienda sanitaria dimostra trasparenza e responsabilità nella gestione dei flussi di rifiuti. Per calcolare questo KPI, l'azienda sanitaria deve misurare e tenere traccia del peso dei rifiuti che vengono riciclati, riutilizzati o destinati ad altri usi. Ciò può comportare l'implementazione di programmi e collaborazioni con società del settore e la promozione di iniziative di riciclaggio e riutilizzo all'interno delle organizzazioni.

Inoltre, è importante notare che l'indicatore e gli obiettivi specifici possono variare in base alle dimensioni, al contesto e alle finalità di sostenibilità delle aziende sanitarie. Le aziende sanitarie, difatti, dovrebbero adattare i propri indicatori per allinearli alle circostanze specifiche e garantire che affrontino gli aspetti ambientali rilevanti identificati nella CSRD e in altri quadri normativi a cui devono conformarsi.

Per quanto riguarda gli indicatori inclusi nell'area "Sociale", le aziende sanitarie per tracciare e rendicontare la propria performance sociale possono considerare il "Punteggio di soddisfazione del paziente" ed il "Tasso di turnover dei dipendenti".

L'indicatore "Punteggio di soddisfazione del paziente" fornisce una misura quantificabile dell'esperienza del paziente e riflette l'impegno dell'azienda nei confronti della sicurezza, della qualità dell'assistenza e della centralità del paziente stesso. Misurando regolarmente la soddisfazione dei pazienti e fissando un obiettivo di miglioramento, l'azienda sanitaria può valutare le proprie prestazioni, identificare le aree di sviluppo e dimostrare il proprio impegno nel fornire un'eccellente assistenza. È importante notare che le aziende sanitarie possono disporre e fornire sondaggi specifici sulla soddisfazione o rilevare meccanismi di feedback personalizzati basati sui servizi sanitari e sulla popolazione dei propri pazienti, dato che questo indicatore dovrebbe essere progettato e personalizzato per allinearsi al contesto e agli obiettivi specifici dell'azienda.

Un altro KPI individuato dagli stakeholder del settore per rendicontare la performance sociale dell'azienda sanitaria è il "Tasso di turnover dei dipendenti". Questo indicatore fornisce informazioni sulla capacità dell'azienda di attrarre, trattenere e coinvolgere i propri dipendenti. Riflette l'aspetto sociale dell'ESG evidenziando l'impegno che l'azienda assume per il benessere dei dipendenti, la soddisfazione sul lavoro e verso la creazione di un ambiente di lavoro positivo. Un tasso di turnover elevato può essere indicativo di problemi di fondo come una scarsa complicità tra i dipendenti, opportunità di formazione e sviluppo inadeguate o un generale sentimento di insoddisfazione sul posto di lavoro. Monitorando e riducendo il turnover dei dipendenti, l'azienda dimostra i propri sforzi diretti a creare una cultura solidale e inclusiva da vivere sul posto di lavoro.

Per calcolare il tasso di turnover dei dipendenti, l'azienda sanitaria deve tenere traccia del numero di dipendenti che lasciano l'azienda volontariamente o involontariamente durante un periodo di tempo specifico. Questi dati possono essere rilevati dai registri delle risorse umane, da colloqui o attraverso sondaggi con i dipendenti. Il numero medio totale dei dipendenti viene calcolato sommando il numero dei dipendenti rilevati all'inizio di un determinato periodo e alla fine e dividendolo per due.

È importante notare che il confronto tra il tasso di turnover dei dipendenti di una determinata azienda sanitaria e la media del settore, può fornire un risultato prezioso utile per valutare la qualità di erogazione delle prestazioni sanitarie. È auspicabile, inoltre, che le aziende sanitarie prendano seriamente in considerazione le analisi relative alle motivazioni esistenti alla base del turnover e implementare strategie per affrontare eventuali sfide per l'accrescimento del coinvolgimento dei dipendenti, offrire opportunità di sviluppo professionale legate alle prestazioni sanitarie raggiunte o, ancora, migliorare le iniziative atte ad incrementare l'equilibrio tra lavoro e vita privata.

Come per qualsiasi altro KPI, le aziende sanitarie dovrebbero selezionare quegli indicatori che siano in linea con i loro obiettivi specifici, il contest in cui operano e i requisiti di reporting ESG, garantendo che riflettano accuratamente la loro performance sociale e contribuiscano agli obiettivi di sostenibilità complessivi dell'azienda.

Nell'area "*Governance*", infine, sono ricompresi gli indicatori che le aziende sanitarie potrebbero utilizzare per mettere in pratica le linee guida fornite dalla Direttiva CSRD.

L'indicatore "Rapporto di diversità nella composizione del CdA" riflette l'impegno dell'azienda sanitaria non solo nei confronti della governance, ma anche per manifestare la propria responsabilità verso l'applicazione di tutti i criteri di sostenibilità. Tale indicatore rileva gli sforzi dell'azienda per garantire che prospettive e competenze diverse, siano rappresentate nel più alto livello del processo decisionale. Un CdA diversificato può portare ad un migliore processo decisionale, a migliori pratiche di governance e ad una maggiore attenzione verso le questioni di sostenibilità. Per misurare il "Rapporto di diversità nella composizione del CdA", l'azienda sanitaria deve tenere traccia del numero di direttori provenienti da contesti diversi, con diverse esperienze professionali, senza trascurare gli obiettivi di parità di genere e le minoranze etniche. Questi dati possono essere ottenuti attraverso la consultazione dei registri del consiglio o grazie all'autodivulgazione da parte degli amministratori.

Le aziende sanitarie, pertanto, dovrebbero considerare un dimensionamento della propria governance diversificato e inclusivo. L'obiettivo di assicurare la diversità nel CdA dovrebbe essere in linea con gli obiettivi dell'azienda, con il contesto normativo e, in generale, con il variegato panorama che contraddistingue le comunità che l'azienda stessa serve.

Un altro KPI che le aziende sanitarie possono prendere in considerazione per monitorare e rendicontare le proprie prestazioni di governance è l'indicatore di "Conformità agli standard etici". Tale indicatore riflette l'impegno dell'azienda nel sostenere elevati standard etici, nel promuovere pratiche per l'espletamento di una buona governance e dimostra gli sforzi dell'azienda nel prevenire e affrontare le violazioni etiche, garantendo trasparenza e responsabilità nelle sue operazioni e nei trattamenti sanitari erogati.

Per calcolare l'indicatore, l'azienda sanitaria deve disporre di un insieme definito di standard e linee guida. Questi potrebbero includere codici di condotta, politiche per gestire i conflitti di interesse, forme di tutela per la privacy dei pazienti e protezione dei dati, misure contro la concussione e la corruzione e altri quadri etici pertinenti. A tal fine, l'azienda dovrebbe tenere traccia e segnalare eventuali casi di violazioni che potrebbero verificarsi durante il periodo di riferimento. In generale, le aziende sanitarie dovrebbero istituire meccanismi robusti per segnalare violazioni etiche, come *hotline* per informatori o predisporre appositi canali di segnalazione riservati. Ciò potrebbe incoraggiare una cultura della trasparenza e consentire ai dipendenti, ai pazienti e a tutte le parti interessate di sollevare preoccupazioni senza timore di ritorsioni.

Inoltre, le aziende sanitarie dovrebbero prendere in considerazione l'inclusione di ulteriori indicatori relativi alla governance e alla responsabilità da loro assunta nella rendicontazione di sostenibilità, come la composizione ed il livello di indipendenza del CdA, l'efficacia dei controlli interni e dei processi di gestione del rischio ed il livello di implementazione di misure antifrode.

Anche in questo caso, la scelta degli indicatori dovrebbe essere in linea con gli obiettivi specifici dell'azienda, il contesto ed i requisiti di rendicontazione ESG, garantendo che riflettano accuratamente le prestazioni di governance dell'azienda e contribuiscano al raggiungimento degli obiettivi complessivi di sostenibilità.

4.5. *Riflessioni conclusive*

Alla luce dei risultati esposti in questo capitolo, è possibile affermare che affinché l'azienda sanitaria possa prepararsi in conformità alle richieste della recente normativa europea includente i fattori ESG, è raccomandabile seguire i seguenti passaggi chiave:

- Comprendere esattamente i requisiti della CSRD. In altri termini, s'intende chiarire la necessità di approfondire l'ambito applicativo, gli obblighi di rendicontazione ed i fattori ESG specifici coperti dalla CSRD, esaminare le linee guida e le risorse fornite dagli organismi di regolamentazione per garantire la conformità.
- Condurre una valutazione di materialità. Identificare i fattori ESG rilevanti per l'azienda sanitaria in base al loro potenziale impatto sulla performance

finanziaria e sugli interessi degli stakeholder. In tal senso, dovrebbe essere garantita una priorità nella rendicontazione dei fattori materiali.

- Chiarire le strutture di governance. È necessario garantire che siano presenti e funzionanti strutture di governance chiare atte a supervisionare il reporting di sostenibilità e l'integrazione con i fattori ESG. In questo, risulterebbe utile prevedere delle assegnazioni di responsabilità ai dipartimenti o agli individui competenti per il coordinamento e la gestione del processo di reporting.
- Sviluppare una strategia di sostenibilità. Garantire lo sviluppo di una strategia di sostenibilità completa che sia in linea con la missione, i valori e le aspettative degli stakeholder aziendali. Dovrebbe essere effettuata una chiara identificazione degli obiettivi, dei traguardi e delle tempistiche utili per affrontare le questioni ESG rilevanti per l'azienda sanitaria.
- Migliorare la raccolta e la gestione dei dati. Implementare sistemi e processi per raccogliere, monitorare e gestire i dati relativi ai fattori ESG in modo efficace. Ciò potrebbe comportare l'integrazione di tali dati nei sistemi informativi gestionali esistenti, la definizione di protocolli di raccolta dati e la garanzia dell'accuratezza e dell'integrità dei dati.
- Coinvolgere gli stakeholder. Coinvolgere le principali parti interessate, tra cui pazienti, dipendenti, investitori e organismi di regolamentazione, per comprendere le loro preoccupazioni, aspettative ed esigenze di rendicontazione di sostenibilità. La considerazione dei loro feedback nel processo di rendicontazione potrebbe rappresentare un surplus per l'esatta individuazione delle azioni da mettere in pratica per il pieno assolvimento degli obblighi previsti dalla nuova Direttiva.
- Sviluppare framework accurati per il reporting e indicatori per monitorare e rendicontare le prestazioni ESG anche utilizzando o adattando quadri già esistenti (ne sono un esempio, il *Global Reporting Initiative* o il *Sustainability Accounting Standards Board*).
- Condurre audit interni e processi di garanzia. È necessario prevedere lo svolgimento di regolari audit interni e processi di garanzia per garantire l'accuratezza, l'affidabilità e la completezza dei dati e del reporting di sostenibilità.
- Migliorare i processi di comunicazione e di divulgazione. Sviluppare una strategia di comunicazione chiara e trasparente per condividere le prestazioni ESG dell'azienda sanitaria con le parti interessate preparando, ad esempio, rapporti annuali di sostenibilità ed informative ESG conformi ai requisiti CSRD.
- Monitorare ed avviare processi di miglioramento continuo. Rivedere e

migliorare regolarmente i processi di rendicontazione della sostenibilità sulla base dei feedback, delle migliori pratiche emergenti e degli aggiornamenti normativi. Risulta essere una necessità il mantenersi informati sulle modifiche ai requisiti di rendicontazione ESG e adattarsi di conseguenza agli aggiornamenti. Tale azione risulterebbe una delle migliori strategie che un'azienda sanitaria dovrebbe seguire.

Questa checklist teorica potrebbe rappresentare uno strumento per le aziende sanitarie da adattare in base al proprio contesto, alle proprie dimensioni ed al panorama normativo di riferimento. La ricerca di competenze esterne o la consulenza di professionisti esperti delle tematiche ESG, può anche fornire indicazioni e maggiori supporti utili per l'avvio di un percorso di conformità che anche le aziende sanitarie dovranno perseguire.

Durante la preparazione dei reporting di sostenibilità, prima di tutto, un'azienda sanitaria dovrebbe raccogliere dati rilevanti sugli indicatori di performance ESG. Ciò può comportare la raccolta di informazioni da vari dipartimenti all'interno della stessa organizzazione, la conduzione di sondaggi o interviste e l'utilizzo di migliori sistemi di gestione dei dati esistenti [1]. In questa fase è importante stabilire traguardi misurabili che siano in linea con la strategia di sostenibilità dell'azienda e con le aspettative degli stakeholder. Questi obiettivi dovrebbero rispondere alle peculiarità di: specificità, misurabilità, realizzabilità, pertinenza e delimitazione nel tempo (SMART). Possono, inoltre, riguardare aree come la riduzione delle emissioni di carbonio, il miglioramento dei risultati in materia di sicurezza dei pazienti, il rafforzamento della diversità e dell'inclusione o la riduzione al minimo della produzione di rifiuti [2].

Al fine di presentare una chiara analisi di contesto ed esplicitazioni in tutto il report, utili ad aiutare le parti interessate a comprendere il percorso di sostenibilità affrontato dall'azienda, appare necessario non solo dimostrare l'impegno fattivo dell'organizzazione verso la sostenibilità [3], ma anche descrivere le sfide che la stessa ha affrontato, i successi ottenuti e quanto appreso lungo il percorso avviato dall'azienda sanitaria.

---

[1] D.M. SALVIONI, A. ALMICI (2020), *Transitioning toward a circular economy: The impact of stakeholder engagement on sustainability culture*, Sustainability, Vol. 12, No. 20.

[2] H. HU, G. COHEN, B. SHARMA, H. YIN, R. MCCONNELL (2022), *Sustainability in Health Care*, Annual Review of Environment and Resources, Vol. 47, pp. 173-196.

[3] D.M. SALVIONI, F. GENNARI, L. BOSETTI (2016), *Sustainability and convergence: the future of corporate governance systems?*, Sustainability, Vol. 8, No. 11.

Una volta finalizzato il rapporto di sostenibilità, lo stesso dovrebbe essere pubblicato sul sito web dell'azienda o attraverso altri canali appropriati per sviluppare un appropriato piano di comunicazione utile ai fini di una condivisione efficace con tutti gli stakeholder.

In conclusione, per garantire che il report resti attuale e di grande impatto, è necessario ricordare che l'attività di reporting di sostenibilità è un processo continuo che richiede un impegno costante per il miglioramento tenendo conto dell'area specifica in cui opera l'azienda, le esigenze degli stakeholder ed i requisiti normativi [4]. È, inoltre, essenziale adattare l'approccio di rendicontazione alle esigenze specifiche dell'azienda sanitaria rivedendo ed aggiornando regolarmente la strategia di sostenibilità, gli obiettivi e i framework di rendicontazione adottati. Infatti, integrando il reporting di sostenibilità all'interno dei report finanziari, le aziende sanitarie possono efficacemente dimostrare i collegamenti tra performance di sostenibilità e risultati finanziari, fornendo alle parti interessate una comprensione completa relativa alla creazione di valore aziendale e alla sostenibilità a lungo termine [5].

Pertanto, è auspicabile che le aziende sanitarie implementino sempre più il reporting di sostenibilità all'interno dei loro resoconti finanziari identificando specifici parametri e KPI di sostenibilità come quelli suggeriti in questo studio empirico poiché rilevanti per la valutazione delle aziende operanti all'interno del settore sanitario e facilmente adattabili alle tecniche di misurazione della performance finanziaria aziendale.

Le evoluzioni future di questo studio prevedono un arricchimento del numero e della conoscenza dei KPI utilizzando la tecnica dell'applicazione concreta a casi studio per presentare tutte le possibili relazioni tra i KPI ipotizzati e le applicazioni ai fattori ESG.

---

[4] B. Giner, M. Luque-Vílchez (2022), *A commentary on the "new" institutional actors in sustainability reporting standard-setting: a European perspective*, Sustainability Accounting, Management and Policy Journal, Vol. 13, No. 6, pp. 1284-1309.

A. Lai, R. Stacchezzini (2021), *Organisational and professional challenges amid the evolution of sustainability reporting: a theoretical framework and an agenda for future research*, Meditari Accountancy Research, Vol. 29, No. 3, pp. 405-429.

[5] F. Lega, A. Prenestini, P. Spurgeon (2013), *Is management essential to improving the performance and sustainability of health care systems and organizations? A systematic review and a roadmap for future studies*, Value in Health, Vol. 16, No. 1, pp. S46-S51.

C. Falivena, G. Palozzi (2020), *Value-based healthcare paradigm for healthcare sustainability*, Accountability, Ethics and Sustainability of Organizations: New Theories, Strategies and Tools for Survival and Growth, pp. 133-153.

Conclusioni

La letteratura scientifica degli ultimi decenni ha rilevato come la governance aziendale si contraddistingua per dettare sempre più le priorità strategiche di un'organizzazione.

Una delle sfide più avvincenti che la governance può attualmente affrontare è l'implementazione del principio di sostenibilità negli obiettivi strategici d'impresa. L'ambiente, il sociale e l'assetto governativo aziendale rappresentano una serie di imperativi che la leadership d'impresa deve perseguire. Il punto di partenza del leader per mirare alle priorità e alla realizzazione degli obiettivi di sostenibilità è coinvolgere il management a rispondere alle domande: "Perché ci si deve occupare del principio di sostenibilità in un contesto aziendale?" e "In che modo la sostenibilità può contribuire al successo d'impresa?". Il concetto di fondo da implementare nella visione d'impresa è che il rispetto del principio di sostenibilità può aiutare le aziende sanitarie a ridurre i costi a lungo termine, migliorare le performance e supportare l'ambiente poiché potrebbe generare influenze sulla salute delle comunità.

Una delle scelte principali che la leadership deve compiere è se inquadrare la sostenibilità come un imperativo strategico a sé stante o come un mezzo per raggiungere gli obiettivi operativi aziendali. Negli ultimi anni è diventato sempre più chiaro che considerare appieno il concetto di sostenibilità all'interno dei processi decisionali aziendali, non solo può generare una strategia di successo, ma può corrispondere ad essere un mezzo efficace per ottenere il controllo dei costi grazie, ad esempio, alla riduzione dell'utilizzo di energia, alla riduzione del flusso di rifiuti e ad acquisti di risorse a basso impatto ambientale. Allo stesso tempo, i manager stanno guardando ben oltre il ruolo che la sostenibilità può svolgere nel raggiungimento degli obiettivi operativi, spingendo affinché l'azienda sanitaria assuma il ruolo di leadership della sostenibilità anche a livello sociale e di governance.

La sostenibilità in un'azienda sanitaria deve, dunque, poter emergere anche dalla fornitura di prestazioni sanitarie di eccellenza. Ciò significa che è necessario sviluppare una programmazione ad ampio spettro di sostenibilità aziendale. Significa, inoltre, porre le basi per conformarsi ai nuovi principi europei di rendicontazione di sostenibilità così come previsto dalle recenti normative.

I quesiti aperti nel presente testo scientifico hanno indirizzato la trattazione a strutturarsi in modo tale da consentire un progressivo livello di approfondimento adottando una prospettiva qualitativa e attribuendo una visione unitaria di tutti gli effetti prodotti e approfonditi nei susseguenti capitoli differenti tra loro ma strettamente collegati l'un l'altro.

A tal fine, dal primo capitolo è sostanzialmente emerso che la recente Direttiva intitolata "*Corporate Sustainability Reporting Directive*" (UE) 2022/2464, ha segnato una profonda rottura con la Direttiva (UE) 2014/95, innanzitutto a livello terminologico, sostituendo le "informazioni non finanziarie" con le "informazioni sulla sostenibilità". Inoltre, l'implementazione dei meccanismi di valutazione aziendali e l'orientamento dei flussi di capitale già presenti e disponibili in azienda verso investimenti sostenibili, hanno mostrato una comprensione comune del concetto di "sostenibilità", maggiormente definito grazie al riconoscimento di criteri utili a classificare e identificare le attività sostenibili.

Nel secondo capitolo, invece, è stata chiarita la prospettiva sulla creazione di valore approfondendo i nuovi principi europei di *sustainability reporting*. Le nuove norme che obbligano le imprese ad informare sul processo di creazione di valore ed a monitorare la loro catena del valore dal punto di vista della tutela dei diritti umani, della tutela dell'ambiente e degli standard lavorativi sono una novità nella legislazione europea. Non vi è dubbio che tali novità debbano essere meglio introdotte fornendo ulteriori chiarimenti sul concetto e sulla configurazione delle catene del valore, dei rapporti commerciali consolidati, ma anche sulla comprensione ed interpretazione dei nuovi obblighi giuridici imposti alle imprese.

Un altro aspetto innovativo rivelato nel capitolo ha riguardato l'obbligo di informazione relativo alla modalità di inclusione delle risorse immateriali essenziali nelle opzioni strategiche, al di là di quanto riportato in bilancio, nonché sul livello di dipendenza da questa tipologia di risorse: intellettuali, di ricerca e sviluppo, umane e sociali.

Dal terzo capitolo è emerso come i processi di trasformazione digitale, accelerati dalla pandemia da Covid-19, sono diventati parte integrante dell'adattamento del settore sanitario al suo ambiente dinamico ed in continua evoluzione. Tali cambiamenti fanno parte della soluzione posta al divario esistente tra la crescente spesa sanitaria ed i finanziamenti (limitati) per le aziende sanitarie. Questo è, ad oggi, un problema globale perché le aziende sanitarie devono fare i conti non solo con il pareggio di bilancio, ma anche con la domanda in costante crescita di innovazione, qualità e sicurezza.

Il quarto capitolo, infine, seguendo un approccio empirico, ha approfondito e spiegato come anche l'azienda sanitaria possa prepararsi in conformità alle richieste della CSRD includente i fattori ESG predisponendo una *checklist* di raccomandazioni.

Nello specifico, è emerso che, per garantire che il *sustainability reporting* resti attuale e di grande impatto, è necessario avviare un processo continuo di ricerca di attività sostenibili svolte in seno all'operato aziendale. Ciò richiede un impegno costante verso il miglioramento tenendo conto del settore specifico in cui agisce l'azienda, le esigenze degli stakeholder ed i requisiti normativi ai quali attenersi. È, inoltre, essenziale adattare costantemente l'approccio di rendicontazione alle esigenze specifiche dell'azienda sanitaria rivedendo ed aggiornando regolarmente la strategia di sostenibilità, gli obiettivi e i framework di rendicontazione adottati. L'attività di integrazione dei rapporti di sostenibilità all'interno dei report finanziari permette alle aziende sanitarie di dimostrare efficacemente i collegamenti esistenti tra la performance aziendale (attenta alle pratiche di sostenibilità) ed i propri risultati finanziari, fornendo un'informazione chiara relativa alla creazione di valore aziendale e ad assicurare l'adozione di un approccio aziendale sostenibile nel lungo periodo. I KPI suggeriti nell'analisi esplicitata nel capitolo quattro costituiscono, dunque, dei parametri cruciali per la valutazione delle aziende sanitarie poiché risultano di agevole implementazione nelle tecniche di misurazione della performance finanziaria aziendale.

Volgendo uno sguardo al futuro, è possibile sostenere che l'evoluzione del reporting di sostenibilità nell'azienda sanitaria verrà senz'altro modellata dagli sviluppi normativi in corso, dalle tendenze emergenti in materia di sostenibilità e dall'evoluzione delle aspettative degli stakeholders interessati a vario titolo allo sviluppo d'impresa. Questa complessa interazione sta attualmente modificando il modo in cui le aziende sanitarie affrontano le loro pratiche di sostenibilità ed i meccanismi di rendicontazione. Di seguito sono approfonditi questi fattori esaminandone lo stato attuale e le potenziali traiettorie future per comprendere come possano influenzare collettivamente l'evoluzione del reporting di sostenibilità nell'azienda sanitaria.

Gli attuali quadri normativi conferiscono un apporto cruciale nel modellare le pratiche di sostenibilità e, conseguentemente, la redazione del *sustainability reporting* delle aziende sanitarie. L'evoluzione del corpo normativo garantisce che le organizzazioni aderiscano a linee guida standardizzate assicurando la trasparenza nelle loro operazioni.

A livello internazionale, c'è stata una spinta significativa verso l'adozione di standard di reporting di sostenibilità più rigorosi e completi. La *Global Reporting Initiative* (GRI), il *Sustainability Accounting Standards Board* (SASB) e la *Task Force on Climate-Related Financial Disclosures* (TCFD) hanno sviluppato dei framework di riferimento adottati da molte aziende sanitarie nel mondo. Tali framework enfatizzano la trasparenza, la materialità e l'inclusione di fattori ESG nelle attività di rendicontazione.

Inoltre, sia il Green Deal dell'Unione Europea che il relativo Regolamento sull'informativa sulla finanza sostenibile (SFDR) risultano particolarmente influenti poiché la SFDR, in particolare, richiede ai partecipanti ai mercati finanziari e ai consulenti, compresi quelli del settore sanitario, di rendere pubblico il modo in cui integrano i fattori ESG nelle loro decisioni di investimento e nei processi di gestione del rischio aziendale. La Direttiva sul reporting di sostenibilità aziendale (CSRD) che aggiorna la Direttiva sul reporting non finanziario (NFRD), amplia la portata e la profondità dei requisiti di *sustainability reporting* spingendo le aziende sanitarie a fornire informazioni più dettagliate e lungimiranti.

L'insieme di questi sviluppi normativi supporta l'adozione da parte delle aziende sanitarie di pratiche di rendicontazione di sostenibilità più complete e standardizzate. Tali aziende risultano, pertanto, obbligate a fornire informazioni dettagliate sul loro impatto ambientale, sulle iniziative sociali e sulle strutture di governance adottate. Il rispetto dei framework normativi non solo aiuta a mantenere la trasparenza nel *decision-making process* adottato dalla governance aziendale, ma genera anche fiducia tra tutti gli stakeholders, inclusi pazienti, investitori e organismi di regolamentazione.

Per quanto concerne le tendenze emergenti in materia di sostenibilità è necessario ricordare che il panorama della sostenibilità è in continua evoluzione e l'emergere di nuove tendenze influisce in modo significativo sul modo in cui le aziende sanitarie redigono il reporting di sostenibilità. *In primis*, il cambiamento climatico rimane una preoccupazione fondamentale. Le aziende sanitarie riconoscono sempre più il proprio impatto ambientale, in particolare il consumo energetico, la produzione di rifiuti e le emissioni di carbonio. La tendenza mondiale verso la neutralità del carbonio sta guadagnando slancio, e, in particolare, sono molte le aziende sanitarie che fissano obiettivi ambiziosi al fine di ridurre la propria *carbon footprint*.

Inoltre, la pandemia da Covid-19 se, da un lato, ha messo in risalto significative disparità sanitarie, dall'altro, ha rilevato l'importanza di assicurare equità sociale nell'erogazione dell'assistenza sanitaria. Oggigiorno, vi è una tendenza crescente ad affrontare tali disparità attraverso iniziative di sostenibilità incentrate sul miglioramento dell'accesso alle cure, ai programmi sanitari comunitari e al trattamento equo della comunità nella quale l'azienda sanitaria è calata. Rendicontare questi sforzi di sostenibilità sociale è fondamentale per dimostrare l'impegno aziendale nell'affrontare le disuguaglianze sistemiche.

Anche gli avanzamenti tecnologici stanno trasformando l'erogazione dell'assistenza sanitaria e le pratiche di sostenibilità adottate a livello aziendale. L'implementazione ad ampio raggio dei servizi di telemedicina, delle cartelle cliniche elettroniche e di altre tecnologie sanitarie digitali, stanno significativamente riducendo l'impatto ambientale associato ai metodi tradizionali di erogazione delle cure, consentendo una migliore raccolta e analisi dei dati e migliorando, al contempo, la qualità e la completezza dei report di sostenibilità.

Infine, nell'ambito delle tendenze emergenti in materia di sostenibilità, un significativo trend lo sta assumendo l'assistenza incentrata sul paziente che si concentra sulla fornitura di cure personalizzate e olistiche. Questo approccio non solo mira a migliorare i risultati dei pazienti in termini di salute, ma si allinea anche agli obiettivi aziendali di sostenibilità promuovendo cure preventive e riducendo trattamenti e ricoveri non necessari. L'azione di reporting sulle iniziative incentrate sul paziente evidenzia l'impegno di un'azienda sanitaria sia verso la qualità dell'erogazione dell'assistenza che verso la sostenibilità dei propri processi.

In relazione alle aspettative degli stakeholders, si rileva come le stesse si stiano evolvendo con una crescente domanda verso la trasparenza, la responsabilità e l'ottenimento di risultati tangibili di sostenibilità da rendicontare nei *sustainability reporting*.

Gli investitori, ad esempio, attribuiscono oggi una maggiore importanza ai fattori ESG nell'assumere decisioni di investimento. Cercano informazioni dettagliate ed affidabili su come le aziende sanitarie gestiscono il proprio impatto ambientale, le responsabilità sociali e le pratiche di governance. Gli investimenti sostenibili stanno, difatti, diventando un "*mainstream*" e le aziende sanitarie possono soddisfare queste aspettative redigendo un reporting di sostenibilità che sia chiaro e trasparente. Anche i pazienti e, in generale, le comunità, stanno diventando sempre più consapevoli dell'impatto ambientale e sociale delle aziende sanitarie. Per questo motivo, un reporting esplicito sulle iniziative di sostenibilità aiuterebbe senz'altro a creare fiducia e a dimostrare l'impegno aziendale verso questi valori.

Gli organismi di regolamentazione continuano a svolgere un ruolo fondamentale nel plasmare le aspettative delle parti interessate all'attività aziendale. Stabiliscono gli standard ed i requisiti per la redazione del reporting di sostenibilità garantendo che le aziende sanitarie aderiscano sempre più alle migliori pratiche esistenti. Il rispetto di queste norme risulta essenziale per mantenere la credibilità ed evitare qualsiasi ripercussione legale.

Alla luce di tali considerazioni, è possibile sostenere che il futuro del reporting di sostenibilità nelle aziende sanitarie sarà verosimilmente modellato da diversi sviluppi chiave. *In primis*, i progressi tecnologici, come l'intelligenza artificiale, la blockchain e l'analisi dei big data, svolgeranno un ruolo significativo nel migliorare la qualità e l'usabilità del reporting di sostenibilità. Queste tecnologie potranno contribuire a migliorare i processi di raccolta, analisi e reporting dei dati, rendendo più semplice la fornitura di informazioni accurate e complete sulla sostenibilità.

È, inoltre, da sottolineare che la spinta verso l'armonizzazione e la standardizzazione dei framework di rendicontazione della sostenibilità sarà persistente nel tempo. Difatti, differenti organismi internazionali come la *International Financial Reporting Standards* (IFRS) *Foundation* attraverso l'*International Sustainability Standards Board* (ISSB), si stanno adoperando per definire standard di reporting di sostenibilità condivisi a livello globale. Una tale standardizzazione aiuterà a garantire la coerenza e la comparabilità dei rapporti sulla sostenibilità in tutto il settore sanitario.

Si prevede, inoltre, una crescente enfasi sulla rendicontazione dell'impatto, in cui le aziende sanitarie non riferiranno solo sulle loro iniziative di sostenibilità intraprese, ma anche sui risultati tangibili e sugli impatti generati da queste stesse iniziative. Questo passaggio, dal reporting basato sugli output a quello basato sull'impatto, fornirà agli stakeholders una comprensione più approfondita degli effetti generati dalle azioni di sostenibilità messe in pratica da un'organizzazione. Tale enfasi sarà affiancata dal ritenere sempre più necessario un maggiore coinvolgimento degli stakeholder nel processo di redazione di reporting di sostenibilità. Le aziende sanitarie dovranno coinvolgere attivamente i propri stakeholder nello sviluppo e nell'implementazione di iniziative di sostenibilità. Un impegno simile garantirà che le informazioni riportate siano pertinenti, di facile comprensione ed in linea con le aspettative di tutte le parti interessate.

Il concetto di miglioramento continuo sarà, inoltre, centrale nell'evoluzione del reporting di sostenibilità. Le aziende sanitarie dovranno costantemente rivedere e aggiornare le loro pratiche di sostenibilità ed i meccanismi di rendicontazione per riflettere gli ultimi sviluppi nel settore. L'innovazione nelle pratiche di sostenibilità, guidata dalle tendenze emergenti e dalle aspettative degli stakeholder, sarà cruciale per mantenere la leadership nella sostenibilità dell'azienda sanitaria.

Adottare un approccio olistico alla sostenibilità che integri i fattori ambientali, sociali e di governance nella strategia aziendale costituirà il punto di svolta dell'agire dell'azienda sanitaria. In tal senso, le aziende sanitarie dovranno adottare una visione globale affrontando non solo le preoccupazioni ambientali ma anche le responsabilità sociali e le pratiche di governance. Tale approccio garantirà l'integrazione della sostenibilità in tutti gli aspetti delle operazioni e dei processi decisionali aziendali.

In definitiva, l'aver affrontato le presenti tematiche attraverso l'approfondimento sia di aspetti chiave per sviluppare la sostenibilità delle aziende sanitarie, che dei nuovi principi per la redazione del *sustainability reporting*, ha concesso di immaginare una completa reimpostazione delle aziende sanitarie oltrepassando la visione tradizionale di sanità basata sul mero contenimento dei costi e andando sempre più verso un approccio di tipo olistico che garantirà una definitiva applicazione efficace ed efficiente del principio di sostenibilità nell'azienda sanitaria.

Bibliografia

ABELA M. (2022), *A new direction? The "mainstreaming" of "sustainability reporting*, Sustainability Accounting, Management and Policy Journal, Vol. 13, No. 6, pp. 1261-1283.

ABEYSEKERA I. (2022), *A framework for sustainability reporting*. Sustainability Accounting, Management and Policy Journal, Vol. 13, No. 6, pp. 1386-1409.

ABHAYAWANSA S., ADAMS C.A., NEESHAM C. (2021), *Accountability and governance in pursuit of Sustainable Development Goals: conceptualising how governments create value*, Accounting, Auditing & Accountability Journal, Vol. 34, No. 4, pp. 923-945.

ADAMS C.A. (2017), *Conceptualising the contemporary corporate value creation process*, Accounting, Auditing & Accountability Journal, Vol. 30, No. 4, pp. 906-931.

AGWUNOBI A., OSBORNE P. (2016), *Dynamic capabilities and healthcare: a framework for enhancing the competitive advantage of hospitals*, California Management Review, Vol. 58, No. 4, pp. 141-161.

AIROLDI G., BRUNETTI G., CODA V. (2005), *Corso di economia aziendale*, il Mulino, Bologna.

AL NATOUR A.R., MEQBEL R., KAYED S., ZAIDAN H. (2022), *The role of sustainability reporting in reducing information asymmetry: the case of family-and non-family-controlled firms*, Sustainability, Vol. 14, No. 11.

ALESANI D., MARCUCCIO M., TRINCHERO E. (2005), *Bilancio sociale e aziende sanitarie: stato dell'arte e prospettive di sviluppo*, Mecosan, Vol. 55, pp. 9-34.

ALI I., FUKOFUKA P.T., NARAYAN A.K. (2023), *Critical reflections on sustainability reporting standard setting*, Sustainability Accounting, Management and Policy Journal.

ALI MOHAMAD T., BASTONE A., BERNHARD F., SCHIAVONE F. (2023), *How artificial intelligence impacts the competitive position of healthcare organizations*, Journal of Organizational Change Management, Vol. 36, No. 8, pp. 49-70.

ALJABERI O.A., HUSSAIN M., DRAKE P.R.A. (2020), *Framework for measuring sustainability in healthcare systems*, International Journal of Healthcare Management, Vol. 13, pp. 276-285.

ALRAHBI D., KHAN M., HUSSAIN M. (2021), *Exploring the motivators of techno-*

logy adoption in healthcare, International Journal of Healthcare Management, Vol. 14, No. 1, pp. 50-63.

ANDRIOF J., WADDOCK S., HUSTED B., RAHMAN S.S. (2017), *Unfolding stakeholder thinking: Theory, responsibility and engagement*, Routledge, London.

ANTONYUK N., PLIKUS I., JAMMAL M. (2021), *Sustainable business development vision under the covid-19 pandemic*, Health Economics and Management Review, Vol. 2, No. 1, pp. 37-43.

ATHERTON S.C., BLODGETT M.S., ATHERTON C.A. (2011), *Fiduciary principles: corporate Responsibilities to Stakeholders*, Journal of Religion and Business Ethics, Vol. 2, No. 2.

BALKAU F., SONNEMANN G. (2010), *Managing sustainability performance through the value-chain. Corporate Governance*, The international journal of business in society, Vol. 10, No. 1, pp. 46-58.

BALLUCHI F., FURLOTTI K., PULEJO L., KOCOLLARI U., RUSCONI G., TARQUINIO L., PUGLISI A. (2017), *La responsabilità sociale delle imprese: un percorso verso lo sviluppo sostenibile: Profili di governance e di accountability*, Giappichelli, Torino.

BAUMGARTNER R.J. (2014), *Managing corporate sustainability and CSR: A conceptual framework combining values, strategies and instruments contributing to sustainable development*, Corporate Social Responsibility and Environmental Management, Vol. 21, No. 5, pp. 258-271.

BAUMGARTNER R.J., RAUTER R. (2017), *Strategic perspectives of corporate sustainability management to develop a sustainable organization*, Journal of Cleaner Production, Vol. 140, pp. 81-92.

BEAULIEU M., LEHOUX P. (2019), *The emergence of health technology organizations among institutional healthcare and economic actors*, International Entrepreneurship and Management Journal, Vol. 15, pp. 1115-1151.

BECKER K., BISCHOF J., DASKE H. (2021), *IFRS: Markets, practice, and politics*, Foundations and Trends® in Accounting, Vol. 15, No. 1-2, pp. 1-262.

BEGUN J.W., THYGESON M. (2015), *Managing complex healthcare organizations. Handbook of healthcare management*, Edward Elgar, Northampton.

BIANCHI C. (2012), *Ripensare al bene dell'azienda in un'ottica di sviluppo sostenibile nel soddisfacimento dell'interesse pubblico tra bisogni individuali e sociali*, in *Il bene dell'azienda. Scritti in onore di Vittorio Coda*, pp. 75-105.

BIANCIARDI C., BRACCI L., BURRONI L., GUERCINI J. (2015), *Lean Thinking in sanità: da scelta strategica a modello operativo*, Società Editrice Esculapio, Bologna.

BINCI D., PALOZZI G., SCAFARTO F. (2022), *Toward digital transformation in healthcare: a framework for remote monitoring adoption*, The TQM Journal, Vol. 34, No. 6, pp. 1772-1799.

BOSCO F., DI GERIO C., FIORANI G., STOLA G. (2024), *How to manage sustainability in healthcare organizations? A processing map to include the ESG strategy*, Journal of Public Budgeting, Accounting & Financial Management.

BOSETTI L. (2017), *La corporate governance nell'Unione europea: interventi di armonizzazione e best practices*, Vol. 33, Giappichelli, Torino.

BRAITHWAITE J., MATSUYAMA Y., MANNION R. (2016), *How to do better health reform: a snapshot of change and improvement initiatives in the health systems of 30 countries*, International Journal for Quality in Health Care, Vol. 28, pp. 843-846.

BRAITHWAITE J., MANNION R., MATSUYAMA Y., SHEKELLE P.G., WHITTAKER S., AL-ADAWI S., LUDLOW K., JAMES W., TING H.P., HERKES J., MCPHERSON E., CHURRUCA K., LAMPRELL G., ELLIS L.A., BOYLING C., WARWICK M., POMARE C., NICKLIN W., HUGHES C.F. (2018), *The future of health systems to 2030: a roadmap for global progress and sustainability*, International Journal for Quality in Health Care, Vol. 30, No. 10, pp. 823-831.

BROWN J., DILLARD J. (2014), *Integrated reporting: On the need for broadening out and opening up*, Accounting, Auditing & Accountability Journal, Vol. 27, No. 7, pp. 1120-1156.

BRYANT S., LANDE G., MOSHAVI D. (2012), *A knowledge-based view of improving the physician-patient relationship*, Academy of Health Care Management Journal, Vol. 8, No. 1, pp. 9-19.

BURKE J.J., CLARK C.E. (2016), *The business case for integrated reporting: Insights from leading practitioners, regulators, and academics*, Business Horizons, Vol. 59, No. 3, pp. 273-283.

BUSCO C., FRIGO M.L., QUATTRONE P., RICCABONI A. (2013), *Integrated Reporting*, Concepts and cases that Redefine Corporate Accountability, Springer, London.

BUSINESS ROUNDTABLE (2023), *Embracing Sustainability Challenge*, https://www.businessroundtable.org/sustainability.

CALABRESE A., COSTA R., LEVIALDI GHIRON N., MENICHINI T. (2019), *Materiality analysis in sustainability reporting: A tool for directing corporate sustainability towards emerging economic, environmental and social opportunities*, Technological and Economic Development of Economy, Vol. 25, No. 5, pp. 1016-1038.

CARBONE C., LEGA F., PRENESTINI A. (2010), *Governance e organizzazione delle aziende ospedaliero-universitarie*, Egea, Milano.

CASOTTI A. (2005), *La responsabilità sociale delle imprese (Vol. 5)*, Wolters Kluwer, Milano.

CASTELLANI G. (2015), *Responsabilità sociale d'impresa. Ragioni, azioni e reporting*, Maggioli, Rimini.

CAVICCHI C. (2018), *Lo sviluppo sostenibile in azienda sanitaria: progettazione, implementazione e misurazione della performance*, FrancoAngeli, Milano.

CAVICCHI C., VAGNONI E. (2017), *Does intellectual capital promote the shift of healthcare organisations toward sustainable development? Evidence from Italy*, Journal of Cleaner Production, Vol. 153, pp. 275-286.

CAVICCHI C., OPPI C., VAGNONI E. (2019), *On the feasibility of integrated reporting in healthcare: A context analysis starting from a management commentary*, Journal of Management and Governance, Vol. 23, pp. 345-371.

CELENTANO A. (2022), *Corporate governance e corporate social responsibility disclosure: evidenze empiriche del contesto societario europeo*, FrancoAngeli, Milano.

CERCIELLO M., BUSATO F., TADDEO S. (2023), *The effect of sustainable business practices on profitability. Accounting for strategic disclosure*, Corporate Social Responsibility and Environmental Management, Vol. 30, No. 2, pp. 802-819.

CHAMARET A., O'CONNOR M., RÉCOCHÉ G. (2007), *Top-down/bottom-up approach for developing sustainable development indicators for mining: Application to the Arlit uranium mines (Niger)*. International Journal of Sustainable Development, Vol. 10, No. 1/2, pp. 161-174.

CLARKE J.R., LERNER J.C., MARELLA W. (2007), *The role for leaders of health care organizations in patient safety*, American journal of medical quality, Vol. 22, No. 5, pp. 311-318.

COOPER S., MICHELON G. (2022), *Conceptions of materiality in sustainability reporting frameworks: Commonalities, differences and possibilities*, Handbook of accounting and sustainability.

CORVINO A. (2012), *Informativa di sostenibilità e performance. Profili teorici ed evidenze empiriche nella comunicazione d'azienda "dovuta"*, Rirea, Roma.

COSSU M. (2022), *Tassonomia finanziaria e normativa dei prodotti finanziari sostenibili e governo societario*, in *Banca Impresa Società*, Vol. 41, No. 3, pp. 433-487.

CRISTIANO E. (2023), *La responsabilità sociale di impresa tra opportunità e obbligo: Voluntary vs mandatory disclosure e dinamiche ESG*, FrancoAngeli, Milano.

CUCARO O.M.S. (2017), *La disclosure sullo sviluppo sostenibile e il maggior valore riconosciuto all'azienda dal mercato*, ResearchFreelance.

ČULINOVIĆ-HERC E. (2023), *Navigating the corporate sustainability challenge-Proposal for a Directive on corporate sustainability due diligence in the EU regulatory arena*, SSRN 4421152.

D'ANDREA A. (2020), *Il principio di materiality nell'informativa non finanziaria*, Giappichelli, Torino.

DE CICCO R. (2009), *L'informativa esterna nei sistemi di governo economico dell'impresa: influenza delle variabili ambientali sui paradigmi di corporate governance e di bilancio*, EGEA, Milano.

DE GIOIA-CARABELLESE P. (2023), *CSRD and CSDD: How the Sustainability Regulatory Evolution Impacts on Sustainable and Green Investments*, European Company Law, Vol. 20, No. 3.

DE PIETRO C., PRENESTINI A. (2008), *Governance professionale nelle aziende sanitarie pubbliche: il ruolo del Collegio di direzione e del Consiglio dei sanitari.*

In L'aziendalizzazione della sanità in Italia, Rapporto OASI, Egea, Milano, pp. 301-326.

DEL VECCHIO M., ROMITI A. (2017), *Prospettive di sviluppo per la governance delle aziende sanitarie*, in *Aziende e management per il futuro del SSN*, KOS Comunicazione e Servizi srl, Roma, pp. 45-68.

DELL'ATTI V., MUSERRA A.L., MARASCA S., LOMBARDI R. (2022), *Dalla crisi allo sviluppo sostenibile: principi e soluzioni nella prospettiva economico-aziendale*, FrancoAngeli, Milano.

DENIS J.L., VAN GESTEL N. (2015), *Leadership and innovation in healthcare governance*, The Palgrave international handbook of healthcare policy and governance, pp. 425-440.

DIRECTIVE (EU) 2022/2464 (2022), *Corporate Sustainability Reporting*, European Parliament and European Council.

DITTMEIER C.A. (2011), *Internal auditing: chiave per la corporate governance*, Internal auditing.

DODSWORTH C., BOURNE E., SCHLICH B.L., KOOROSHY J. (2023), *Financial, Double, or Dynamic? Theories of ESG Materiality and Practitioner Approaches*, Journal of Impact & ESG Investing, Vol. 4, No. 2.

D'ONZA G. (2022), *L'orientamento delle aziende ad uno sviluppo sostenibile: quale contributo da parte dei sistemi di management e controllo?*, FrancoAngeli, Milano.

ECKERT E., KOVALEVSKA O. (2021), *Sustainability in the European Union: Analyzing the discourse of the European green deal*, Journal of Risk and Financial Management, Vol. 14, No. 2.

EL KHOURY R., NASRALLAH N., TOUMI A. (2022), *ESG and performance in public health-care companies: the role of disclosure and director liability*, Competitiveness Review: An International Business Journal.

ELGIN-COSSART M., CHANDRAN R. (2016), *Designing Better Accountability Mechanisms for the 2030 Agenda for Sustainable Development*, Center for American Progress.

ELKINGTON J. (1994), *Towards the Sustainable Corporation: Win-Win-Win Business Strategies for Sustainable Development*, California Management Review, Vol. 36, pp. 90-100.

ENG D.M., SCHWEIKART S.J. (2020), *Why accountability sharing in health care organizational cultures means patients are probably safer*, AMA Journal of Ethics, Vol. 22, No. 9, pp. 779-783.

FAGGINI M., COSIMATO S., NOTA F.D., NOTA G. (2019), *Pursuing sustainability for healthcare through digital platforms*, Sustainability, Vol. 11, No. 165.

FALIVENA C., PALOZZI G. (2020), *Value-based healthcare paradigm for healthcare sustainability*, in *Accountability, Ethics and Sustainability of Organizations: New Theories, Strategies and Tools for Survival and Growth*, pp. 133-153.

FANELLI S., LANZA G., ZANGRANDI A., ENNA E. (2019), *Innovare nei metodi di gestione nelle aziende sanitarie pubbliche: quali variabili di successo?*, Azienda Pubblica, Vol. 3, No. 2019, pp. 237-254.

FANELLI S., DONELLI C.C., SALVATORE F.P., ZANGRANDI A. (2022), *Migliorare la performance nelle aziende sanitarie pubbliche: il contributo dei professionisti-manager*, Mecosan-Management ed Economia Sanitaria-Open Access, Vol. 122.

FASAN M. (2017), *Lo stato dell'arte del corporate reporting: Integrated Reporting*, L'azienda sostenibile, Vol. 17.

FELLEGARA A.M., D'ESTE C., GALLI D. (2016), *Livelli di disclosure e scelte di integrated reporting nelle grandi imprese italiane. L'informativa aziendale tra globalizzazione e identità territoriale*, FrancoAngeli, Milano.

FERLITO R., FARACI R. (2021), *Sostenibilità e sistemi di Corporate Governance delle società benefit: il caso Illycaffè*, Corporate Governance and Research & Development Studies-Open Access, Vol. 2.

FIECHTER P., LANDSMAN W.R., PEASNELL K., RENDERS A. (2023), *Do industry-specific accounting standards matter for capital allocation decisions?*, Journal of Accounting and Economics.

FILIP R., GHEORGHITA PUSCASELU R., ANCHIDIN-NOROCEL L., DIMIAN M., SAVAGE W.K. (2022), *Global challenges to public health care systems during the COVID-19 pandemic: a review of pandemic measures and problems*, Journal of Personalized Medicine, Vol. 12, No. 8.

FORTUNA F. (2004), *Il segmental reporting nel processo informativo d'impresa: comunicazione interna, esterna e creazione di valore*, Vol. 333, FrancoAngeli, Milano.

FREEMAN R.E. (1984), *Strategic management: a stakeholder approach*, Pitman, Massachusetts.

GALEONE G. (2023), *La rendicontazione non finanziaria e la misura dei fattori di sostenibilità. Profili teorici e prospettive future*, Studi e Ricerche di Economia Aziendale, pp. 1-232.

GAPENSKI L.C., PINK G.H. (2015), *Understanding healthcare financial management*, Health Administration Press.

GASPERINI A., DONI F. (2014), *La comunicazione delle informazioni non finanziarie: l'attuale quadro normativo*, Amministrazione & finanza, Vol. 29, No. 8, pp. 17-27.

GASPERINI A., ZAMBON S. (2017), *Confronto a due sulle non financial information*, Impresa Progetto, Vol. 1, pp. 1-10.

GATTI M., CHIUCCHI M.S., MONTEMARI M. (2018), *Management control systems and integrated reporting: Which relationships? The case of the Azienda Ospedaliero Universitaria Ospedali Riuniti Ancona*, International Journal of Business and Management, Vol. 13, No. 9, pp. 169-181.

GAZZOLA P. (2012), *CSR e reputazione nella creazione di valore sostenibile*, Economia Aziendale Online, Vol. 2, pp. 27-45.

GIACOSA E. (2015), *La comunicazione economico-finanziaria d'impresa: Finalità, strumenti e comportamenti attuali e teorici in un modello "ideale" di comunicazione*, Giappichelli, Torino.

GIESE G., NAGY Z., LEE L.E. (2021), *Deconstructing ESG ratings performance: Risk and return for E, S, and G by time horizon, sector, and weighting*, The Journal of Portfolio Management, Vol. 47, No. 3, pp. 94-111.

GINER B. (2022), *Sustainability reporting: Some challenges from and for the European union*, Accounting Auditing Control, Vol. 28, No. 4, pp. 7-20.

GINER B., LUQUE-VÍLCHEZ M. (2022), *A commentary on the "new" institutional actors in sustainability reporting standard-setting: a European perspective*, Sustainability Accounting, Management and Policy Journal, Vol. 13, No. 6, pp. 1284-1309.

GINTER P.M., DUNCAN W.J., SWAYNE L.E. (2018), *The strategic management of health care organizations*, John Wiley & Sons, New Jersey.

GREGUREC I., TOMIČIĆ FURJAN M., TOMIČIĆ-PUPEK K. (2021), *The impact of COVID-19 on sustainable business models in SMEs*, Sustainability, Vol. 13, No. 3.

GROSSI G., KALLIO K.M., SARGIACOMO M., SKOOG M. (2020), *Accounting, performance management systems and accountability changes in knowledge-intensive public organizations: a literature review and research agenda*, Accounting, Auditing & Accountability Journal, Vol. 33, No. 1, pp. 256-280.

GRUCHMANN T., SCHMIDT I., LUBJUHN S., SEURING S., BOUMAN M. (2019), *Informing logistics social responsibility from a consumer-choice-centered perspective*, The International Journal of Logistics Management, Vol. 30, pp. 96-116.

HAMMOND A.L., WORLD RESOURCES INSTITUTE (1995), *Environmental indicators: a systematic approach to measuring and reporting on environmental policy performance in the context of sustainable development*, Vol. 36, World Resources Institute, Washington, DC.

HAO N., DRAGOMIR V.D. (2023), *Effects and Limitations of the Implementation of the Non-Financial Reporting Directive (2014/95/EU)*, Accounting and Management Information Systems AMIS, Vol. 73.

HICKMAN L.E. (2020), *Information asymmetry in CSR reporting: publicly-traded versus privately-held firms*, Sustainability Accounting, Management and Policy Journal, Vol. 11, No. 1, pp. 207-232.

HOFMEYER A., MARCK P.B. (2008), *Building social capital in healthcare organizations: thinking ecologically for safer care*, Nursing Outlook, Vol. 56, No. 4, pp. 145-e1.

HU H., COHEN G., SHARMA B., YIN H., MCCONNELL R. (2022), *Sustainability in Health Care*, Annual Review of Environment and Resources, Vol. 47, pp. 173-196.

HUZZARD T., HELLSTRÖM A., LIFVERGREN S. (2015), *Management Innovations for Healthcare Organizations: Adopt, Abandon or Adapt?*, Sustainability in Healthcare Organizations, Vol. 338.

IBBA R. (2023), *L'introduzione di obblighi concernenti i fattori ESG a livello UE: dalla Direttiva 2014/95 alla Proposta di Direttiva sulla Corporate Sustainability Due Diligence. Banca Borsa Titoli di Credito*, in *Rivista di dottrina e giurisprudenza*, Vol. 76, No. 3.

INDELICATO F. (2014), *Report e Reporting integrato: verso un nuovo modello di bilancio*, Equilibri, Vol. 18, No. 1, pp. 9-37.

JAMALI D., HALLAL M., ABDALLAH H. (2010), *Corporate governance and corporate social responsibility: evidence from the healthcare sector*, Corporate Governance: The international journal of business in society.

JANATI A., HASANPOOR E., HAJEBRAHIMI S., SADEGHI-BAZARGANI H. (2018), *Evidence-based management-healthcare manager viewpoints*, International journal of health care quality assurance, Vol. 31, No. 5, pp. 436-448.

JEFFREY M. (2012), *Introductory econometrics: a modern approach*, Mason 1960, South-Western Cengage Learning, Ohio.

JIANG J.X., WANG I.Y., WANGERIN D.D. (2018), *How does the FASB make decisions? A descriptive study of agenda-setting and the role of individual board members*, Accounting, Organizations and Society, Vol. 71, pp. 30-46.

JØRGENSEN S., MJØS A., PEDERSEN L.J.T. (2022), *Sustainability reporting and approaches to materiality: Tensions and potential resolutions*, Sustainability Accounting, Management and Policy Journal, Vol. 13, No. 2, pp. 341-361.

KAISSI A. (2005), *Manager-physician relationships: an organizational theory perspective*, The health care manager, Vol. 24, No. 2, pp. 165-176.

KEASBERRY J., SCOTT I.A., SULLIVAN C., STAIB A., ASHBY R. (2017), *Going digital: A narrative overview of the clinical and organisational impacts of eHealth technologies in hospital practice*, Australian Health Review, Vol. 41, No. 6, pp. 646-664.

KRAETSCHMER N., JASS J., WOODMAN C., KOO I., KROMM S.K., DEBER R.B. (2014), *Hospitals'internal accountability*, Healthcare Policy, Vol. 10, No. SP-36.

KRISHNAMOORTHY R. (2021), *Environmental, social, and governance (ESG) investing: Doing good to do well*, Open Journal of Social Sciences, Vol. 9, No. 7, pp. 189-197.

KRUSZYŃSKA-FISCHBACH A., SYSKO-ROMAŃCZUK S., NAPIÓRKOWSKI T.M., NAPIÓRKOWSKA A., KOZAKIEWICZ D. (2022), *Organizational e-health readiness: How to prepare the primary healthcare providers' services for digital transformation*, International Journal of Environmental Research and Public Health, Vol. 19, No. 7.

KUZMINA J., LINDEMANE M. (2017), *ESG Investing: new challenges and new opportunities*, Journal of business management, Vol. 14.

LACCHINI M., ZANDA G., ONESTI T. (2013), *La valutazione delle aziende*. Giappichelli, Torino.

LAI A., STACCHEZZINI R. (2021), *Organisational and professional challenges amid the evolution of sustainability reporting: a theoretical framework and an agenda for future research*, Meditari Accountancy Research, Vol. 29, No. 3, pp. 405-429.

LAI A., LIONZO A., STACCHEZZINI R., ROSSIGNOLI F. (2015), *Dall'impresa al network. Profili di governance e modelli di business*, FrancoAngeli, Milano.

LALONDE C., ADLER C. (2015), *Information asymmetry in process consultation: An empirical research on leader-client/consultant relationship in healthcare organizations*, Leadership & organization development Journal, Vol. 36, No. 2, pp. 177-211.

LANDI G. (2020), *Sostenibilità e rischio d'impresa. Evidenze e criticità dei Rating ESG*, Cedam, Padova.

LANGABEER J.R., HELTON J. (2016), *Health Care Operations Management: A Systems Perspective*, Jones & Bartlett Publishers, Burlington.

LANZA A., ROSCIO A.M. (2022), *Responsabilità sociale, sostenibilità ambientale e rating ESG nelle PMI italiane*, Economia & management: la rivista della Scuola di Direzione Aziendale dell'Università L. Bocconi, Vol. 3, pp. 77-84.

LEGA F. (2012), *La gestione del cambiamento strategico nelle Aziende Sanitarie Pubbliche*, Egea, Milano.

LEGA F. (2013), *Management della sanità: Lineamenti essenziali e sviluppi recenti del settore e dell'azienda sanitaria*, Egea, Milano.

LEGA F., PRENESTINI A., SPURGEON P. (2013), *Is management essential to improving the performance and sustainability of health care systems and organizations? A systematic review and a roadmap for future studies*, Value in Health, Vol. 16, No. 1, pp. S46-S51.

LENNOX L., MAHER L., REED J. (2018), *Navigating the sustainability landscape: a systematic review of sustainability approaches in healthcare*, Implementation Science, Vol. 13, No. 1, pp. 1-17.

LENZI D. (2022), *Sostenibilità delle imprese e dichiarazioni non finanziarie*, Corporate Governance, pp. 159-192.

LEONI G., LAI A., STACCHEZZINI R., STECCOLINI I., BRAMMER S., LINNENLUECKE M., DEMIRAG I. (2021), *Accounting, management, and accountability in times of crisis: Lessons from the COVID-19 pandemic*, Accounting, Auditing & Accountability Journal, Vol. 34, pp. 1305-1319.

LEOPIZZI R., CAPUTO F. (2019), *La funzione sociale dell'azienda. Il contributo dei Maestri (Vol. 28)*, Rirea, Roma.

LETIZI M. (2023), *La rendicontazione societaria di sostenibilità. Direttiva 2022/2464/UE del 14 dicembre 2022. Corporate Sustainability Reporting Directive*, Il Sole 24 Ore, Milano.

LOMBRANO A., IACUZZI S. (2020), *Comparing health system performance*, Economia Aziendale Online, Vol. 11, pp. 175-189.

LOPES A.V., FARIAS J.S. (2022), *How can governance support collaborative innovation in the public sector? A systematic review of the literature*, International Review of Administrative Sciences, Vol. 88, No. 1, pp. 114-130.

LUNKES R.J., NARANJO-GIL D., LOPEZ-VALEIRAS E. (2018), *Management control systems and clinical experience of managers in public hospitals*, International Journal of Environmental Research and Public Health, Vol. 15, No. 4.

MANES-ROSSI F., NICOLÒ G., ARGENTO D. (2020), *Non-financial reporting formats in public sector organizations: a structured literature review*, Journal of Public Budgeting, Accounting & Financial Management, Vol. 32, No. 4, pp. 639-669.

MANINI M., MISTRETTA M., SERRA S. (2024), *Organizzazione Adattiva: Il modello evolutivo delle organizzazioni agili e sostenibili*, FrancoAngeli, Milano.

MARASCA S. (2018), *Misurazione della performance e strumenti di controllo strategico*, Società Editrice Esculapio, Bologna.

MARCHI L. (1998), *Introduzione all'economia aziendale, II edizione*, Giappichelli, Torino.

MARCHI L. (2020), *Dalla crisi allo sviluppo sostenibile: il ruolo dei sistemi di misurazione e controllo*, Management Control, Vol. 3, pp. 5-16.

MARQUES I.C.P., FERREIRA J.J.M. (2020), *Digital transformation in the area of health: Systematic review of 45 years of evolution*, Health and Technology, Vol. 10, No. 3, pp. 575-586.

MARZO G., CORDAZZO M. (2020), *L'informativa non finanziaria dopo il D. Lgs. 254/2016: evoluzioni della normativa e implicazioni nelle pratiche aziendali*, FrancoAngeli, Milano.

MASEFIELD S.C., MSOSA A., GRUGEL J. (2020), *Challenges to effective governance in a low-income healthcare system: a qualitative study of stakeholder perceptions in Malawi*, BMC health services research, Vol. 20, No. 1, pp. 1-16.

MAZZOTTA R., VELTRI S. (2022), *Dalla voluntary alla mandatory disclosure dell'informativa societaria di natura non finanziaria: analisi del percorso e tendenze evolutive*, FrancoAngeli, Milano.

MEHRA R., SHARMA M.K. (2021), *Measures of sustainability in healthcare*, Sustainability Analytics and Modeling, Vol. 1.

MELIS A. (2008), *La qualità dell'informazione esterna. Principi contabili ed evidenze empiriche*, Giuffrè, Milano.

MILONE M. (2023), *Il nuovo ruolo della relazione sulla gestione: quadro regolamentare attuale e prospettive future in materia di sostenibilità*, FrancoAngeli, Milano.

MIO C. (2021), *L'azienda sostenibile*, Laterza & Figli spa, Bari.

MOL A.P. (2015), *Transparency and value chain sustainability*, Journal of cleaner production, Vol. 107, pp. 154-161.

MOLTENI M.M. (2004), *Responsabilità sociale e performance d'impresa. Per una sintesi socio-competitiva*, Vita e pensiero Editrice, Milano.

MOSCO G.D., FELICETTI R. (2022), *Prime riflessioni sulla proposta di direttiva UE in materia di Corporate Sustainability Due Diligence*, Analisi Giuridica dell'Economia, Vol. 21, No. 1, pp. 185-211.

MOSLEIN F., SORENSEN K.E. (2018), *The Commission's Action Plan for Financing Sustainable Growth and Its Corporate Governance Implications*, Eur. Company L., Vol. 15, No. 221.

NACITI V. (2022), *Responsabilità sociale d'impresa e riflessi sulla governance e sui processi di rendicontazione Teorie, strumenti e nuovi paradigmi in prospettiva economico-aziendale*, Giappichelli, Torino.

NICKELL E.B., ROBERTS R.W. (2014), *Commentary-The Public Interest Imperative in Corporate Sustainability Reporting Research*, Accounting and the Public Interest, Vol. 14, No. 1, pp. 79-86.

PARAST M.M., GOLMOHAMMADI D. (2019), *Quality management in healthcare organizations: Empirical evidence from the baldrige data*, International Journal of Production Economics, Vol. 216, pp. 133-144.

PARTITI E. (2023), *Addressing the Flaws of the Sustainable Finance Disclosure Regulation: Moving from Disclosures to Labelling and Sustainability Due Diligence*, TILEC Discussion Paper No. 2023-05, Forthcoming in European Business Organisation Law Review, SSRN-4387626.

PAVIONE E., GAZZOLA P., AMELIO S., MAGRÌ J. (2020), *Smart Industry e sviluppo sostenibile, imprese intelligenti e SDGs 2030*, Economia Aziendale Online, Vol. 11, No. 1, pp. 41-53.

PEDRINI M. (2012), *I bilanci di sostenibilità e delle risorse intangibili: il processo di integrazione nelle aziende italiane*, Economia Aziendale Online, Vol. 1, pp. 117-146.

PERRINI F. (2022), *Sostenibilità e PMI: aspetti strategici, operativi e finanziari*, Egea, Milano.

PFLUEGER D. (2015), *Accounting for quality: on the relationship between accounting and quality improvement in healthcare*, BMC Health Services Research, Vol. 15, pp. 1-13.

PIERONI M.P., MCALOONE T., PIGOSSO D.A. (2019), *Business model innovation for circular economy and sustainability: A review of approaches*, Journal of Cleaner Production, Vol. 215, pp. 198-216.

PONSIGNON F., SMART A., PHILLIPS L. (2018), *A customer journey perspective on service delivery system design: insights from healthcare*, International Journal of Quality & Reliability Management, Vol. 35(10), pp. 2328-2347.

PONZIO A., ZANIBONI G. (2022), *Sostenibilità aziendale*, Gruppo Il Sole 24 Ore, Milano.

PRONOVOST P.J., MORLOCK L.L., SEXTON J.B., MILLER M.R., HOLZMUELLER C.G., THOMPSON D.A., WU A.W. (2008), *Improving the value of patient safety reporting systems*, in *Advances in Patient Safety: New Directions and Alternative Approaches (Vol. 1: Assessment)*, Publisher: Agency for Healthcare Research and Quality, Editors: Kerm Henriksen, James B Battles, Margaret A Keyes, Mary L Grady.

PURVIS B., MAO Y., ROBINSON D. (2019), *Three pillars of sustainability: in search of conceptual origins*, Sustainable Science, Vol. 14, pp. 681-695.

PUȚAN A., IVAN O.R., TAMAS A. (2017), *Cost Centers from Hospital Units. Study Case*, Valahian Journal of Economic Studies, Vol. 8, No. 1.

QUAGLI A. (ed.) (2024), *L'interesse nazionale nell'economia delle aziende*, FrancoAngeli, Milano.

QUAGLI A., CORSI K., TRUCCO S. (eds.) (2021), *Bilancio ed informativa economico-sociale (Vol. 4)*, Giappichelli, Torino.

RAGHUNANDAN A., RAJGOPAL S. (2022), *Do ESG funds make stakeholder-friendly investments?*, Review of Accounting Studies, Vol. 27, No. 3, pp. 822-863.

RAINERO C., BRESCIA V., CATALDO A. (2019), *La formazione manageriale in sanità. Nuovi strumenti e modelli tra governance e politiche*, Economia Aziendale Online, Vol. 10, No. 2, pp. 235-256.

RAMIREZ B., WEST J.D., COSTELL M. (2013), *Development of a culture of sustainability in health care organizations*, Journal of Health Organization and Management, Vol. 27, No. 5, pp. 665-672.

RANALLI F., PALOZZI G. (2019), *La Telemedicina tra innovazione e sostenibilità: modello operativo generale e tassonomia delle risorse coinvolte*, in *Identità, innovazione e impatto dell'aziendalismo italiano. Dentro l'Economia digitale*, Atti del XXXIX Convegno nazionale Accademia Italiana di Economia Aziendale, Università degli Studi di Torino.

RICCI P., SIBONI B., NARDO M.T. (2014), *La rendicontazione di sostenibilità*, Vol. 274, No. 5, Rirea, Roma.

RICCIARDI W., PITA BARROS P., BOUREK A., BROUWER W., KELSEY T., LEHTONEN L., EXPERT PANEL ON EFFECTIVE WAYS OF INVESTING IN HEALTH (EXPH) (2019), *How to govern the digital transformation of health services*, European Journal of Public Health, Vol. 29, No. s3, pp. 7-12.

RICH C., SINGLETON J.K., WADHWA S.S. (2018), *Sustainability for healthcare management: A leadership imperative*, Routledge, London.

RIFKIN J. (2019), *Un green new deal globale*, Mondadori, Milano.

RIVA P. (2023), *Ruoli di Corporate Governance: Adeguati assetti e sostenibilità*, Egea, Milano.

RODRÍGUEZ-LABAJOS L., THOMSON C., O'BRIEN G. (2018), *Performance measurement for the strategic management of health-care estates*, Journal of Facilities Management, Vol. 16, pp. 217-232.

ROMANELLI M. (2017), *Towards sustainable health care organizations*, Management Dynamics in the Knowledge Economy, Vol. 5, No. 3, pp. 377-394.

ROMITI A., DEL VECCHIO M., MILANI C., SARTOR G. (2022), *Italian healthcare organisations facing new dimensions: changes in governance structure*, Journal of Management and Governance, Vol. 27, pp. 1-29.

RON R., WEISS R. (2020), *The ramifications of reducing elective activity in hospitals during the Coronavirus crisis: Insights and conclusions*, Harefua, Vol. 159, No. 7, pp. 475-476.

RONCAGLIOLO E. (2023), *La centralità del bilancio di esercizio per la valutazione dell'impatto sociale delle aziende*, FrancoAngeli, Milano.

RUSCONI G. (2021), *Dai bilanci sociali alla dichiarazione non finanziaria: Alcune riflessioni*, Impresa Progetto-Electronic Journal of Management, Vol. 1.

SALORANTA J., HURMERINTA-HAANPÄÄ A. (2022), *Proactive contract theory in the context of corporate sustainability due diligence*, Journal of Strategic Contracting and Negotiation, Vol. 6, No. 3-4, pp. 221-236.

SALVATORE F.P., FANELLI S. (2021a), *Indicators and criteria for efficiency and quality in public hospitals: A performance evaluation model*, Global Business and Economics Review, Vol. 25, No. 3/4, pp. 212-230.

SALVATORE F.P., FANELLI S. (2021b), *The healthcare organisation in COVID-19 Age: An evaluation framework for the performance of a telemonitoring model*, Sustainability, Vol. 13.

SALVIONI D.M., ALMICI A. (2020), *Transitioning toward a circular economy: The impact of stakeholder engagement on sustainability culture*,Sustainability, Vol. 12, No. 20.

SALVIONI D., GENNARI F. (2016), *Corporate governance, ownership, and sustainability*, Corporate Ownership and Control, Vol. 13, pp. 606-614.

SALVIONI D.M., GENNARI F., BOSETTI L. (2016), *Sustainability and convergence: the future of corporate governance systems?*, Sustainability, Vol. 8, No. 11.

SAMPSON C.J. (2023), *Unlocking ESG in Healthcare: Governance Holds the Key*, Frontiers of Health Services Management, Vol. 39, No. 3, pp. 1-4.

SCARCELLA PRANDSTRALLER S. (2023), *Gli interventi normativi dell'Unione Europea*, in *Manuale di reporting di sostenibilità*, Mc Graw Hill, London, pp. 1-15.

SCARCELLA PRANDSTRALLER S., ROMANI M. (2023), *Manuale di Reporting di Sostenibilità*, Mc Graw Hill, London.

SCHALTEGGER S., HANSEN E.G., LÜDEKE-FREUND F. (2016), *Business models for sustainability: Origins, present research, and future avenues*, Organization & Environment, Vol. 29, pp. 3-10.

SOYKA P.A. (2012), *Creating a sustainable organization: Approaches for enhancing corporate value through sustainability*, FT Press, New Jersey.

SPANO F.M., TRADORI V. (2015), *Sistemi di auditing e controllo nelle organizzazioni sanitarie*, Rirea, Roma.

STEFAN S.C., POPA I., DOBRIN C.O. (2016), *Towards a model of sustainable competitiveness of health organizations*, Sustainability, Vol. 8, No. 5.

STOLOWY H., PAUGAM L. (2023), *Sustainability Reporting: Is Convergence Possible?*, Accounting in Europe, pp. 1-27.

TARQUINIO L. (2021), *Il valore aggiunto e il contributo alla rendicontazione delle informazioni non-finanziarie*, L'informativa economico-sociale, Vol. 4.

TEHEMAR S. (2015), *Corporate Social Responsibility for Healthcare Organizations*, in *Management Innovations for Healthcare Organizations*, Routledge, London, pp. 119-135.

TETTAMANZI P., MINUTIELLO P. (2022), *ESG: Bilancio di sostenibilità e integrated reporting*, Ipsoa, Milano.

TETTAMANZI P., MINUTIELLO V. (2022), *Il bilancio di sostenibilità come strumento di rendicontazione aziendale*, goWare & Guerini Next, Firenze.

TJAHJONO B., ESPLUGUES C., ARES E., PELAEZ G. (2017), *What does industry 4.0 mean to supply chain?*, Procedia Manufacturing, Vol. 13, pp. 1175-1182.

TORUGSA A., O'DONOHUE W., HECKER R. (2012), *Capabilities, proactive CSR and financial performance in SMEs: Empirical evidence from an Australian manufacturing industry sector*, Journal of Business Ethics, Vol. 109, pp. 483-500.

TREU T. (2023), *Welfare aziendale*, Ipsoa, Milano.

TURSUNBAYEVA A. (2019), *Human resource technology disruptions and their implications for human resources management in healthcare organizations*, BMC health services research, Vol. 19, No. 1, pp. 1-8.

UNECE/OECD/Eurostat (2008), *Measuring Sustainable Development*, https://www.oecd.org/greengrowth/41414440.pdf.

VEENSTRA E.M., ELLEMERS N. (2020), *ESG indicators as organizational performance goals: Do rating agencies encourage a holistic approach?*, Sustainability, Vol. 12, No. 24.

VENTURELLI A., CAPUTO F. (2013), *Le nuove frontiere della comunicazione economico-finanziaria tra informativa di sostenibilità e integrazione d'informativa*, in G. GUIDO, S. MASSARI (a cura di), *Lo sviluppo sostenibile. Ambiente, risorse, innovazione, qualità*, FrancoAngeli, Milano, pp. 214-232.

VENTURELLI A., CAPUTO F. (2017), *Informativa non finanziaria e regulation. Tendenze evolutive e relative implicazioni alla luce dell'emanazione del D. Lgs 254/16 (pp. 1-249)*, McGraw-Hill, Milano.

VENTURELLI A., MAGRASSI L. (2012), *Approcci innovativi alla rendicontazione aziendale: l'Integrated reporting. Alcune riflessioni sul socially responsibile investing e sulla rendicontazione integrata nello scenario internazionale*, Guida alla contabilità e Bilancio, n. 12.

VENTURELLI A., FASIELLO R., PIZZI S. (2021), *CSR education in economia aziendale curricula: an overview*, Administrative Sciences, Vol. 11, No. 4.

VENTURELLI A., CAPUTO F., LEOPIZZI R., MASTROLEO R., MIO C. (2017), *How can CSR identity be evaluated? A pilot study using a Fuzzy Expert System*, Journal of Cleaner Production, Vol. 141, pp. 1000-1010.

VENTURELLI A., LEOPIZZI R., CORONELLA S., CAPUTO F., MIO C. (2016),

Matching Economia Aziendale and Corporate Social Responsibility: roots and frontiers, in *Rivista italiana di Ragioneria e di Economia Aziendale*.

VITOLLA F., RUBINO M. (2013), *Il reporting socio-ambientale e di sostenibilità: Contenuti della disclosure e qualità delle informazioni*, Egea, Milano.

VOTA V. (2020), *Sostenibilità e impresa: una sfida per il futuro nell'ottica di una maggior competitività*, Economia Aziendale Online, Vol. 11, No. 4, pp. 401-416.

WACHTER R.M. (ed.) (2012), *Chapter 14. Reporting systems, root cause analysis, and other methods of understanding safety issues. Understanding Patient Safety*, 2nd edition, McGraw Hill, London, https://accessmedicine.mhmedical.com/content.aspx?bookid=396&sectionid=40414548.

WALSTON S., CHOU A.F. (2011), *CEO perceptions of organizational consensus and its impact on hospital restructuring outcomes*, Journal of Health Organization and Management, Vol. 25, No. 2, pp. 176-194.

WORLD HEALTH ORGANISATION (2016), *Global observatory for eHealth. Global diffusion of eHealth: making universal health coverage achievable*, World Health Organisation, Geneva.

WORLD HEALTH ORGANISATION (2017), *Universal health coverage.*

YOUNG D.W. (2004), *Management accounting in health care organizations*, John Wiley & Sons, New Jersey.

ZACCONE M.C., MINCIULLO M., PEDRINI M. (2022), *La corporate governance e la gestione della sostenibilità: forme e strumenti. In La governance della sostenibilità. Esperienze e sfide in atto*, Egea, Milano, pp. 17-28.

ZANGRANDI A., FANELLI S., DONELLI C.C., ELEFANTI M. (2020), *Crisis management: la gestione di un ospedale durante una pandemia*, Egea, Milano.

ZDOLŠEK D., BELOGLAVEC S.T. (2023), *Sustainability Reporting Ecosystem: A Once-in-A-Lifetime Overhaul during the COVID-19 Pandemic*, Sustainability, Vol. 15, No. 9.

ZIFARO M. (2023), *Change management: dalle funzioni ai processi*, Pisa University Press, Pisa.

Finito di stampare nel mese di luglio 2024
nella Stampatre s.r.l. di Torino
Via Bologna, 220

STUDI DI RAGIONERIA E DI ECONOMIA AZIENDALE

Volumi pubblicati

1. G. Zanda-M. Lacchini, *Rivalutazione dei beni aziendali ed utilizzo di poste del patrimonio netto. Aspetti economici, civilistici e contabili*, 1993, pp. VI-106.
2. G. Melis, *Introduzione all'economia aziendale. Impresa e sistema delle rilevazioni amministrative*, II ed. riveduta, 1996, pp. X-390.
3. G. Zanda-M. Lacchini-G. Oricchio, *La valutazione del capitale umano dell'impresa. Modelli qualitativi e quantitativi di logica economico-aziendale*, 1993, pp. XIV-418.
4. E. Laghi, *L'ammortamento dell'avviamento. Aspetti economici, civilistici e contabili*, 1994, pp. VIII-128.
5. G. Oricchio, *La stima dell'aleatorietà nelle valutazioni del capitale economico d'impresa*, 1994, pp. VIII-156.
6. S. Pucci, *La valutazione del capitale economico di una compagnia di assicurazione esercente il ramo vita*, 1994, pp. XII-220.
7. M. Paoloni, *L'azienda del Comune e della Provincia. Caratteristiche strutturali, gestionali, contabili e di bilancio*, 1994, pp. VIII-462.
8. M. Lacchini, *Modelli teorico-contabili e principi di redazione del bilancio. Riflessioni economico-aziendali sull'innovato codice civile*, 1994, pp. X-296.
9. G. Zanda-M. Lacchini-T. Onesti, *La valutazione delle aziende*, VI edizione, 2013, pp. XVI-576.
10. G. Paolucci, *Il bilancio di esercizio degli enti finanziari. Fondamenti concettuali e modalità applicative*, 1995, pp. X-334.
11. E. D'Amico, *La valutazione delle banche. Modelli per la determinazione del rischio, del tasso di sconto e del valore del capitale economico*, 1995, pp. X-254.
12. T. Onesti, *'Fattori ambientali' e comportamenti contabili. Analisi comparata dei sistemi contabili di alcuni paesi industrializzati*, 1995, pp. XII-492.
13. A. Buccellato-E. Rinaldi, *L'informatica nell'economia aziendale*, 1995, pp. VIII-132.
14. T. Onesti-I. Romagnoli, *La scissione di società. Aspetti economici, civilistici e contabili*, 1996, pp. VIII-232.
15. M. Simoncini, *Il contratto di leasing finanziario. Aspetti contabili, aziendali e tributari*, 1996, pp. VIII-200.
16. G. Oricchio, *La valutazione economica dei diritti di concessione*, 1996, pp. IV-308.
17. F. Manni, *Lineamenti di ragioneria generale. Il processo logico-contabile di formazione del bilancio ordinario d'esercizio*, 1996, pp. VIII-232.
18. E. Laghi, *La nota integrativa e l'informazione esterna d'impresa*, 1996, pp. X-384.
19. S. Arduini, *Le aziende nonprofit. Il controllo dell'efficacia e dell'efficienza*, 1996, pp. VIII-268.
20. G. Paolucci, *Il sistema informativo contabile della piccola impresa nel Regno Unito*, 1996, pp. X-202.
21. G. Zanda (a cura di), *Casi ed applicazioni di valutazione delle aziende*, 1996, pp. XVI-412.
22. N. Angiola, *L'avviamento negativo. Problematiche economiche e contabili*, 1997, pp. X-302.
23. L. D'Alessio, *La funzione del controllo interno negli Enti locali. Riflessioni per un cambiamento direzionale*, 1997, pp. VI-138.
24. M. Lacchini-E. Laghi, *I principi di redazione del bilancio in Giappone. Itinerario storico-critico*, 1998, pp. VIII-328.
25. G. Zanda-E. Laghi-I. Romagnoli, *Le lettere di patronage: problemi di contabilizzazione*, 1998, pp. VI-86.
26. N. Di Cagno-T. Onesti, *L'economia delle imprese di assicurazioni e la stima del capitale economico*, 1998, pp. X-406.
27. F. Manni, *Responsabilità sociale e informazione esterna d'impresa. Problemi, esperienze e prospettive del «bilancio sociale»*, 1998, pp. VI-154.

28. I. Romagnoli, *La valutazione del capitale economico dei gruppi di imprese. Tecniche e metodologie di stima*, 1998, pp. VIII-252.

29. F. Cascone-S. Lugaresi-G. Oricchio-E. Romanello, *Gli effetti dell'IRAP e della DIT sull'economia delle società di capitale e sul rischio di credito*, 1999, pp. X-138.

30. M. Paoloni, *Il sistema informativo e le funzioni direzionali negli enti pubblici non economici*, 1999, pp. X-332.

31. R. Trequattrini, *Economia aziendale e nuovi modelli di* corporate governance*: esperienze a confronto*, 1999, pp. VIII-320.

32. F.G. Grandis, *La* break-even analysis *nelle amministrazioni pubbliche*, 1999, pp. IV-104.

33. A. Melis, *Corporate governance. Un'analisi empirica della realtà italiana in un'ottica europea*, 1999, pp. VI-238.

34. R. Trequattrini, *I principi di redazione del bilancio in Australia. Itinerario storico e profili evolutivi*, 2000, pp. VIII-232.

35. E. Laghi-E. Nenna-G. Zanda, *La valutazione economica e l'iscrizione in bilancio dei "diritti sfruttamento di frequenze radiofoniche"*, 2000, pp. VIII-140.

36. N. Angiola, Corporate governance *e impresa familiare*, 2000, pp. X-158.

37. G. Riccio, *Il bilancio delle banche. Elementi per la formazione del bilancio d'esercizio*, 2001, pp. XXIV-380.

38. S. Pucci, *Il bilancio di esercizio delle imprese di assicurazione in una prospettiva europea*, 2001, pp. X-406.

39. G. Riccio, *La valutazione della* performance *nelle banche*, 2002, pp. X-158.

40. M. Lacchini, Corporate governance *e bilanci d'impresa nella prospettiva della riforma*, 2002, pp. VI-202.

41. G. Paolucci, *La valutazione delle società finanziarie*, 2003, pp. X-186.

42. S. Pucci, *Alcune riflessioni sull'economicità, efficacia ed efficienza negli Enti locali*, 2003, pp. VI-94.

43. R. Trequattrini, *Processo decisionale e valore delle aziende: un approccio integrato*, 2004, pp. XII-164.

44. N. Angiola, *Imprese diversificate e informativa settoriale*, 2004, pp. XII-284.

45. M. Romano, *L'*impairment test *dell'avviamento e dei beni intangibili specifici*, 2004, pp. XII-280.

46. M. Taliento, *Il valore dell'impresa nella prospettiva dell'acquirente. Profili strategici, economici e contabili delle aggregazioni aziendali*, 2005, pp. XII-292.

47. E. Laghi, *L'armonizzazione contabile via IAS/IFRS. Prime riflessioni sull'evoluzione della disciplina in materia di bilancio delle società*, 2006, pp. VI-140.

48. G. Zanda, *Il bilancio delle società. Lineamenti teorici e modelli di redazione*, 2007, pp. XIV-414.

49. M. Paoloni-F.G. Grandis, *La dimensione aziendale delle amministrazioni pubbliche*, 2007, pp. X-646.

50. S. Pucci, *L'iscrizione nel bilancio delle società quotate delle operazioni di copertura del rischio finanziario*, II edizione riveduta e ampliata, 2010, pp. VIII-144.

51. M. Romano, *Dinamica del valore e aspetti di* corporate governance *negli* squeeze-out *delle minoranze azionarie*, 2008, pp. XIV-278.

52. M. Taliento, *Ai confini del* terminal value*. Complessità, incertezza e sfocature estimative nelle valutazioni d'azienda in chiave* fuzzy, 2008, pp. X-158.

53. G. Zanda, *Il governo della grande impresa nella società della conoscenza*, 2009, pp. X-238.

54. E. Mafrolla, *Le scelte contabili. Elementi definitori, studi teorici e ricerche empiriche*, 2009, pp. XII-188.

55. G. Oricchio, *Mercati finanziari e valenza informativa del bilancio di esercizio. Una analisi fenomenologica*, 2010, pp. XVI-304.

56. E. D'Amico, *Strategia e valore dell'impresa*, 2010, pp. XIV-350.

57. F.G. Grandis, *La valutazione delle partecipazioni pubbliche nel bilancio dell'ente* holding, 2010, pp. X-202.

58. D. Coluccia, *L'economia dei beni immateriali. Riflessioni sul governo aziendale e problemi di valutazione, di bilancio e di rendicontazione volontaria*, 2010, pp. VIII-320.

59. A. Sura, *Introduzione alle tecniche di analisi del bilancio redatto secondo gli IFRS*, 2011, pp. VIII-156.

60. S. Fontana, *L'informazione esterna sugli intangible non contabilizzati nelle società industriali quotate in Italia. Una ricerca sugli effetti dell'introduzione del D.Lgs. n. 32/2007 e dello IAS 1 "rivisitato"*, 2011, pp. VIII-264.
61. S. Pucci, *I beni immateriali nel bilancio delle banche. Valutazione, informativa ed effetto sulle quotazioni*, 2013, pp. VIII-160.
62. A. Giornetti-M. Iannaccone, *Dinamiche patrimoniali di società cooperative e informazione esterna d'impresa*, 2013, pp. VI-210.
63. L. Biondi, *L'Università in cambiamento. Riflessioni in tema di contabilità e bilancio*, 2013, pp. XII-108.
64. V. Sforza, *Le competenze economico-aziendali del manager pubblico. Fabbisogni e dotazioni nell'amministrazione che cambia*, 2014, pp. XII-172.
65. R. Cimini, *The selective misrepresentation of financial information due to earnings management. Theoretical background, models and empirical evidence from the European Union*, 2015, pp. XIV-210.
66. G. Zanda, *Fondamenti di economia aziendale*, 2015, pp. XII-388.
67. R. Lombardi, *Le reti d'impresa in economia aziendale. Profili critici ed interpretativi*, 2015, pp. XII-124.
68. S. Fontana, *Le diverse metodologie per la stima del tasso di congrua remunerazione. Un confronto tra modelli basati su dati di mercato*, 2015, pp. VI-98.
69. S. Zanda, *La qualità dei dirigenti. Riflessioni sul tema alla luce di una sistematica interpretazione del pensiero di C.I. Barnard*, 2015, pp. X-238.
70. D. Coluccia, *Le attività immateriali. Disciplina contabile, disclosure e value relevance*, 2016, pp. VI-194.
71. M. Pollifroni, *L'Etica aziendale nei processi di globalizzazione dei mercati. Paradigmi, Determinanti, Valutazioni*, 2017, pp. VIII-128.
72. E. Mafrolla, *Management accounting when an organization is facing default*, 2017, pp. X-126.
73. F.G. Grandis-F. Palazzi, *La valutazione del capitale economico nelle piccole e medie imprese*, 2017, pp. XII-268.
74. M. Venuti, *Modelli teorici e concreti di informativa contabile. Grandi, piccole e micro imprese*, 2020, pp. VI-154.
75. M. Paoloni (a cura di), *La crisi finanziaria internazionale e nazionale. Gli strumenti contabili e di controllo, i meccanismi di risoluzione e le prospettive future*, 2019, pp. XII-252.
76. E. Menicucci-N. Paoloni, *IFRS 9 e banche: impatti contabili e gestionali*, 2020, pp. X-150.
77. A. Dello Strologo, *La gestione del rischio nelle imprese. Soggetti, strumenti e processi*, 2020, pp. VIII-216.
78. M. Pollifroni, *Open-Government. I processi di reingegnerizzazione dell'azienda pubblica tra etica ed innovazione*, 2020, pp. VIII-152.
79. E. Mafrolla, *Accounting restatements: A European perspective*, 2020, pp. XVI-112.
80. E. D'Amico, *Etica, economia, impresa. Oltre l'homo oeconomicus*, 2021, pp. XVIII-270.
81. R. Cimini, *Le nuove disposizioni di vigilanza per le società di natura finanziaria. Considerazioni di ordine aziendale alla luce della letteratura di riferimento*, 2021, pp. XIV-242.
82. M. Pollifroni, *Ambiente, Pandemie, Economie & Aziende. Alla ricerca della "vocazione sociale" dell'azienda resiliente*, 2021, pp. X-134.
83. S. Vinci, *Il problema della "governance" e gli Assetti Istituzionali d'impresa*, 2022, pp. X-214.
84. S. Solimene, *La dimensione economico-aziendale del* Business Model. *Osservazioni empiriche*, 2022, pp. VIII-200.
85. M. Paoloni-M. Celli (a cura di), *Teoria e fenomenologia dei gruppi aziendali*, 2022, pp. VIII-312.
86. F. Matozza, *Accounting restatements and key audit matters disclosure*, 2022, pp. XII-116.
87. A. Dello Strologo-N. Paoloni, *Contabilizzazione, gestione e valorizzazione degli strumenti finanziari nel bilancio delle banche*, 2023, pp. XII-244.
88. C. Barbera, *Misurazione e valutazione della performance pubblica. Dal modello tradizionale al monitoraggio guidato dai cittadini*, 2023, pp. XVI-272.
89. S. Manfredi, *Le imprese Benefit. Prime riflessioni critiche*, 2023, pp. VI-98.

90. S. Arduini, *ESG e finanza. Considerazioni sul mercato dei crediti deteriorati*, 2023, pp. XII-132.

91. S. Vinci, *Dall'impresa-organo alla società in* house. *Istituzioni, economia e aziende nell'evoluzione dei modelli di organizzazione dei servizi pubblici locali*, 2023, pp. XII-292.

92. F. Paolone-R. Tiscini, *L'evoluzione del* segment reporting *secondo l'IFRS 8. Evidenze empiriche nelle principali aziende italiane*, 2023, pp. VIII-192.

93. G. Modaffari, *Il finanziamento innovativo delle piccole e medie imprese*, 2024, pp. X-262.

94. P. Paoloni-A. Cosentino, *Il* diversity management *e le sue implicazioni nell'economia dell'azienda*, 2024, pp. XVI-176.

95. Salvatore F.P., Milone M., *La rendicontazione di sostenibilità nell'azienda sanitaria: evoluzioni regolamentari ed elementi empirici*, 2024, pp. X-126.